Angela Merkelová – evropské požehnání nebo prokletí ?

Kapitoly :

A U T O R :

Liebmar B a u s c h

Autor : nar. 1957, je úspěšným stavebním podnikatelem, self-made právníkem a je politicky aktivní. Píše blogy a články a účastní se diskusí na internet o okruzích svých zájmů, kam patří politika, technika a ekonomika. Má dvě děti, vzděláním je inženýr a nyní působí volné noze. Skeptik a optimista, pevný bod hledající cestovatel.

Motto : **"Můžete klamat svým počínáním některé lidi nějakou dobu, některé dokonce po celou dobu, ale nikdy ne všechny a do nekonečna."** Abraham Lincoln (16. prezident USA).

Exposé :

„**Evropou obchází strašidlo - strašidlo komunismu**", propagovali s nebývalou naléhavostí v roce 1848 svůj Komunistický manifest jeho socialističtí autoři Karel Marx a Bedřich Engels.

„**My to zvládneme**", těmito slovy v roce 2015 – přesně 167 let poté – jako jejich vzorná německá ideová následovnice v prastarém socialistickém boji proti starým a osvědčeným pořádkům propaguje podobně intenzivně svůj stejně zničující euroamerický multikulturalismus a despotický Nový světový řád (angl. New World Ordner - NWO) spolková kancléřka Angela Merkelová.

Dnes se už tato jasná propagátorka totalitního NWO nemusí skrývat v opozici či ilegalitě, ani nemusí dštít oheň a síru na vládnoucí třídní nepřátele, ale naopak ona sama jako suverénní vládkyně vzešlá původně z demokratických voleb je pevně v čele sjednocené evropské říše a z pozice nekorunované samozvané evropské císařovny může zcela bez jakýchkoliv překážet a odporu organizovat životy všech 700 milionů Evropanů od Atlantiku až k Černému moři a od severního polárního kruhu až ke Středozemnímu moři. Ať se jim to líbí nebo ne, ať mají strach nebo nemají, aniž jí byl v nějakých volbách k tomu udělen jakýkoliv mandát. A nejen bez překážek, ale dokonce má stálou podporu zaoceánského protektora a svého ideového šéfa v Bílém domě ve Washingtonu, tudíž může nerušeně organizovat novodobé stěhování národů, a to bez jakéhokoliv omezeného ručení.

Jak je moderních dějinách něco tak šíleného, totalitního až fašistického v údajně demokratickém a právním prostředí evropského svazu národních států vůbec možné ? Zvládneme skutečně takové bezprecedentní novodobé stěhování národů do Evropy, aby se dalo tvrdit, že to bude ku prospěchu Evropanů, Němců, Rakušanů i Švýcarů ? Máme být vděčni za tzv. pracovní síly budoucnosti nebo naopak dlouhodobě statisticky nepřizpůsobivé a neintegrovatelné celoživotní pobírače sociálních dávek vyhánět ? Stane se Angela Merkelová požehnáním Evropy a Německa nebo jejich prokletím ? O tom všem pojednává tato knížka.

1. kapitola : <u>Angela Merkelová – zvládneme to ?</u>

Doslova v přímém přenosu jsme v těchto dnech přímými účastníky mohutné přistěhovalecké vlny z Afriky a Blízkého východu do Evropy a naší vlasti prokazatelně organizované a financované cizími mocnostmi. Občané jsou zděšeni a zoufalí, že německá spolková vláda, ani národní vlády EU, ani orgány Evropské unie proti tomuto smrtelnému nebezpečí nezasahují, ale zcela naopak naprosto iracionálně vyzývají občany a členské státy k absurdnímu přijímání dalších ilegálních imigrantů.

Státní propaganda kancléřky Merkelové a jejích vládních spolupachatelů slovy **„My to zvládneme"** (německy „Wir schaffen das") přesvědčuje německé i evropské občany, že údajným uprchlíkům z Afriky a Blízkého východu jsme povinni pomáhat, protože stejný osud s útěkem a vyhnáním postihl miliony lidí po roce 1945 na konci druhé světové války. Prý také tehdy nesčetné množství Němců prchalo, aby uskutečnili svůj sen o svobodě a bezpečnosti.

Srovnání této tragické historie s dnešní realitou je bohužel jedna obrovská propagandistická lež německého vládního establishmentu, protože jde o naprosto nesrovnatelné situace. Cílem státní propagandy je zlomit odpor veřejného mínění proti zavlečení desítek milionů příslušníků nekompatibilních etnik a náboženství a současně splnit konkrétní destruktivní a dobyvatelské cíle na úkor bílých Evropanů.

Zejména neexistuje žádný racionální důvod, aby takové masy obyvatel Arábie a Afriky opuštěly své domovy a tím se tito lidé zbavovali svého svatého práva na vlast a domov. Nikde neexistuje mezistátní válečný konflikt takového rozsahu a intenzity, aby se dalo hovořit o válečných uprchlících splňujících podmínky Ženevské konvence o právním postavení uprchlíků, jak se zjevně stalo v průběhu druhé světové války, kvůli jejíž následkům byla tato mezinárodní úmluva 28. července 1951 přijata. Paradoxně jsou to ozbrojené síly USA a členských států NATO, které leteckým bombardováním ničí obydlí domorodců nejvíce, takže o válečné uprchlíky se nejedná.

Dále údajné uprchlíky nikdo z jejich domoviny nevyhání, jak po roce 1945 prováděly vlády celé řady evropských zemí při odsunu obyvatel německé národnosti do poválečného Německa. Naopak africké i muslimské blízkovýchodní vlády jsou dnes připraveny v případě jejich dotčení občanskými konflikty se o své občany postarat, zajistit jim slušné živobytí a ubytování. Dokonce syrská vláda deklaruje, že o své občany se dokáže postarat min. 7 krát levněji, než tak činí vlády západoevropských zemí vč. Německa.

Nikde na světě dnes neprobíhá žádný mezistátní válečný konflikt, ani v Africe, ani na Blízkém východě ani nikde jinde, jak se konalo v letech 1939 až 1945. Dnešním zvenčí organizovaným a uměle vyprovokovaným národnostním a náboženským exodem se jedná o jasné zneužití Ženevské konvence k jiným účelům, než byla v roce 1951 podepsána.

A zdaleka v neposlední řadě důvodů všichni pováleční vyhnanci německé národnosti a křesťanského vyznání odsunutí do Německa se ihned po svém příchodu zapojili do poválečné obnovy zničené země, co nejrychleji se snažili přizpůsobit, nestali se příživníky, v žádném případě neprosazovali své sobecké zájmy, ani se nepokoušeli obsazená území porobit a ovládnout, jak činí dnešní arabští a černošští přistěhovalci muslimského vyznání.

Poukažme v této souvislosti na nezákonnosti vlády a státních orgánů Spolkové republiky Německo konané tím, že zcela vědomě a úmyslně nekonají, jak jim právní řád a mezinárodní smlouvy ukládají. Spolkový, zemské a unijní establishment, aby nám účelově vnutily co největší množství nekompatibilních muslimských a černošských ekonomických migrantů, bezprecedentně porušují závazné mezinárodní smlouvy, a to zejména Úmluvu o právním postavení uprchlíků z roku 1951 a Schengenskou smlouvu (též Smlouva o postupném rušení kontrol na společných hranicích) z roku 1985, jejichž signatářem SRN je.

Podle první úmluvy je uprchlík povinen setrvat v první bezpečné zemi sousedící s tou, odkud prchá. Když jde o Afričany, prvními bezpečnými zeměmi v Africe jsou Egypt, Libye, Tunis, Maroko, Alžírsko, apod. Když jde o Araby, Afgánce, Pakistánce a jiné obyvatele Blízkého a Středního východu, první bezpečnou zemí je jednoznačně Turecko. Azylant je povinen v této první bezpečné zemi bezpodmínečně setrvat a dbát pokynů pracovníků Úřadu Vysokého komisaře OSN pro uprchlíky. Pokud tuto povinnost příslušný uprchlík poruší, ztrácí tím statut politického uprchlíka a stává se ekonomickým migrantem, který na poskytnutí politického azylu nemá logicky žádné právo. Orgány ČR a ani žádné země EU tedy nemají žádnou povinnost uprchlíky porušující tuto Úmluvu přijímat a naopak jsou povinny je odesílat zpět do dané bezpečné země.

Podle druhé smlouvy uprchlíci patří do gesce hraničních zemí na vnější hranici společného schengenského prostoru. Současně stále i zde prvotně platí Ženevská úmluva z roku 1951, takže dnešní stav by se týkal výhradně situace, pokud by do EU prchal někdo ze země, z níž je první bezpečnou zemí na trase některá z hraničních zemí schengenského prostoru. Tak tomu však není, protože na přímém dotyku se schengenským prostorem k žádnému válečnému konfliktu nedochází. Rozhodně se jako o hraniční zemí nejedná o ČR, což je snad každému geograficky jasné, jen české státní orgány s tím mají potíže. I v tomto případě má azylant povinnost setrvat v hraniční zemi a dbát pokynů Úřadu Vysokého komisaře OSN pro uprchlíky s riziky, pokud tak neučiní.

Německá kancléřka Angela Merkelová před několika lety oznámila, že multikulturalismus selhal. V loňském roce 2015 po návštěvě v USA naopak pozvala imigranty ze Sýrie a z dalších zemí z celého světa do Evropy a Německa. Vypadá to, že svým prohlášením o selhání multikulturalismu nemyslela to, co každý normální člověk. Tedy, že tento ďábelský frankensteinský projekt je absurdní. Ale naopak, že selhání spočívá v tom, že multikulturalismu je v Německu a v Evropě málo. Že se nepodařilo zrealizovat její představu o totálně smíšené společnosti, ve které zaniknou národní, kulturní, náboženské a filosofické rozdíly v nerozlišitelném guláši polozvířat, která netouží po ničem vyšším, nemají žádné vyšší ideály, a jejich intelekt stačí tak akorát na vydělávání a utrácení peněz. Nebyly by žádné národní, náboženské, kulturní ani filosofické rozdíly, tedy ani spory. Zmizely by důvody k nekonečným konfliktům mezi jednotlivci, národy, kulturami a náboženstvími. Nastal by věčný mír.

Německo je plnohodnotným americkým protektorátem a náš stát se tomu v podstatě přiblížil a v ničem podstatném si s Německem nezavdává. Každý německý kancléř musí před nástupem do úřadu podepsat tzv. kancléřský vázací akt, jímž se zavazuje k podřízenosti americké okupační správě. Veškerá sdělovací média jsou pod soustavnou kontrolou Američanů, vč. odposlouchávání telefonních hovorů a elektronické komunikace. Veškerý průmysl, bankovnictví a další součásti hospodářství jsou pod kontrolou Američanů. Německo nemá s USA dosud uzavřenou mírovou smlouvu, tudíž se stále formálně nachází ve válečném stavu s USA. Američané zadržují Německu jeho zlaté rezervy, odvezli je do USA a spekuluje se, že je už zpronevěřili, protože na opakované žádosti o jejich vydání nereagovali, či pouze formalisticky. Za těchto okolností je potom servilita a poslušnost Německa v případě neomezeného přijímání přistěhovalců naprosto vysvětlitelná. Nesmíme samozřejmě zapomenout ani na vydíratelnost Angely Merkelové kvůli její komunistické a konfidentské minulosti. Američané totiž chtějí přistěhovalectvím Německo oslabit a zlomit odplatou za to, že odmítá se s nimi podílet na válečné agresi vůči Rusku. To je ten hlavní hřích Němců.

Angele Merkelové je lhostejné, že cizince pozvala, aniž by se zeptala voličů a občanů ostatních států EU, ale oproti tomu mluví o solidaritě, o společném evropském řešení krize, kterou sama vyvolala, a které by mělo spočívat v tom, že si ostatní státy přerozdělí její imigranty, a tedy se i na jejich území uskuteční plán multikulturalismu.

2. kapitola : Za všechno může Rusko a Putin ! Ale jinak, než si myslíme

Slyšíme to z režimních sdělovacích prostředků snad každý den : Za všechno může Rusko a jeho car Vladimír Putin ! Kdyby nebylo Ruska, tak k nám žádní váleční uprchlíci a azylanté z Afriky a Blízkého východu nepřicházejí a nepřiplouvají ! Opravdu ?

Samozřejmě, že tuto souvislost si nikdo s rozumem v hrsti neuvědomuje, protože žádná neexistuje a ani režimní propaganda ji nijak vysvětlit neumí a ani se o to nepokouší. Nicméně určitá nepřímá souvislost zde existuje, ale jiná, než si kdokoliv umí představit. Všechno totiž začalo už před více než 100 lety. Ale čtěte pozorně dále.

Nejdříve se však rozhlédněme za oceán do Spojených států amerických. Tam je podpisem prezidenta Woodrowa Wilsona dne 23. prosince 1913 pod zákonem o federálních rezervách (angl. Federal Reserve Akt) založen **Federální rezervní systém** (zkr. FED). Samotné znění zákona vzešlo z tajného setkání zástupců amerického ministerstva financí a několika vlivných bankéřů v listopadu 1910 na atlantickém ostrově Jekyll Island v americkém státě Georgia. Hlavním účelem zákona bylo získání pověření emitovat dolary a půjčovat je americké vládě. Tento centrální bankovní systém USA je neziskovou nezávislou státní instituci, která není nikým formálně vlastněna. Akcie FEDu vlastní 12 neziskových tzv. Regionálních federálních rezervních bank, které založila vláda USA.

Budova FED ve Washingtonu

DECEMBER 24, 1913—SIXTEEN PAGES. PRICE TWO CENTS

PRESIDENT'S SIGNATURE ENACTS CURRENCY LAW

Wilson Declares It the First of Series of Constructive Acts to Aid Business.

Makes Speech to Group of Democratic Leaders.

Conference Report Adopted in Senate by Vote of 43 to 25.

Banks All Over the Country Hasten to Enter Federal Reserve System.

Gov-Elect Walsh Calls Passage of Bill A Fine Christmas Present.

WILSON SEES DAWN OF NEW ERA IN BUSINESS

Aims to Make Prosperity Free to Have Unimpeded Momentum.

HOME VIEWS OF CURRENCY ACT

FOUR PENS USED BY PRESIDENT

Dobová přední stránka novin informující
o Wilsonově Federal Reserve Act

V listopadu roku 1917 vypukla v carském Rusku tzv. Velká říjnová socialistická revoluce. Podle sovětských školních učebnic základních škol je toto dějepisné téma líčeno tak, že chrabrý soudruh **Vladimír Iljič Lenin** vyzbrojený nejmodernější marxisticko-leniskou ideologií se svými věrnými stranickými soudruhy a soudružkami nechali v říjnu 1917 vystřelit z křižníku Aurora, vojáci s dělníky na povel zaútočili na Zimní palác v Petrohradě a carský režim se zhroutil jak domeček z karet, když od února 1917 byl u vládní moci buržoa a pomýlený socialista Kerenský. A potom už nastaly jenom samé úspěchy, šťastný sovětský lid zpíval a tančil, dělníci, rolníci a pracující inteligence ruku v ruce budovali komunistickou společnost.

Čas však od té doby oponou trhnul, po SSSR, sovětské bolševické ideologii, Leninovi a dalších nikde vidu ani slechu. Nicméně někteří si kladou stále otázky. Jak to přišlo, že tak lehce je možné provést státní převrat a na ¾ století založit stát otroků s hromadami milionů mrtvol ? Zejména když v jiných srovnatelných zemích se nic takového v té době nepodařilo ? Pravda, zuřila první světová válka, státy byly oslabené válečnými výdaji, nefunkčními ekonomikami, miliony padlých vojáků i civilistů, byla bída, hlad, nemoci. Avšak stále se vtírá otázka, jak je možné, že to vše proběhlo tak snadno ? Za tím přece musí něco být.

Vraťme se nyní krátce do roku 1905, kdy se v Rusku konal první neúspěšný levicový pokus o státní převrat. Znejistělý car Mikuláš po jeho potlačení proto pro jistotu převedl do šesti západních bank jmění ve výši 480 milionů dolarů – jednalo se vesměs o banky Rockefellerů a Rothschildů v USA, Německu a Francii. To byla skutečně neobvykle obrovská suma peněz, která bankéře rozhodně nenechávala spát v klidu a brousili si zuby, jak se jí zmocnit sami pro sebe, protože v bankách ji měli pouze klientem svěřenou. Pro představu, za minulých sto let se americký dolar znehodnotil zhruba 50 krát, takže v dnešních dolarech by se jednalo o 24 miliard, což v aktuálním měnovém kurzu představuje kolem 570 miliard korun, tedy zhruba polovinu celkových ročních příjmů českého státního rozpočtu. Jak se posléze ukázalo, touto jinak dobře míněnou transakcí car Mikuláš nad sebou a svou rodinou podepsal osudový ortel smrti.

Vladimír Iljič Uljanov – Lenin (1870-1924)

Lev Davidovič Trockij (1879-1940)

Kromě V. I. Lenina, protagonisty říjnové revoluce známého ze školních učebnic, měl další rozhodující politický vliv jeho blízký spolupracovník **Lev Trockij** (vl. jm. Lev Davidovič Bronstein). Z dnešního pohledu šílený ultralevicový revolucionář, vůči němuž byl i totalitní Lenin doslova vzorem demokrata. Následkem svého extrémně běsnícího revolučního násilí má ještě dodnes plno následovníků a obdivovatelů posměšně nazývaných trockisté. Trockij unikl před dřívějším neúspěšným pokusem o revoluci v Rusku v roce 1905 a uprchl do Francie, odkud byl vyhnán pro své revoluční chování. Brzy zjistil, že existují bohatí bankéři z Wall Street, kteří jsou ochotni revoluci v Rusku financovat. V roce 1915 byla pro financování ruské revoluce založena American International Corporation. Její ředitelé reprezentovali zájmy Rockefellera, Rothschildů, DuPonta, Kuhna, Loeba, Harrimana a Federálního rezervního systému. Zúčastněnými byli i Frank Vanderlip, jeden ze členů skupiny z ostrova Jekyll Island, která vytvořila Federální rezervní systém a George Herbert Walker, dědeček amerického prezidenta George Bushe.

Od roku 1916 tento muž pobýval ve Spojených státech, kam uprchl před carskou policií. Lenin v té době řešil podobný problém a jeho azylu se ujali Švýcaři a Němci. Oba rozhodně v cizině nelenili a kromě shromažďování revolucionářů z řad emigrantů a dobrovolníků opatřovali peníze na zaplacení výdajů plánovaného převratu. Kupodivu však jim to příliš práce nepřinášelo, až by se s jistou nadsázkou dalo říci, že kapitalistické dolary a marky se na oba komunistické intelektuály a revolucionáře přímo hrnuly.

Mnohým čtenářům není úplně neznámá role císařského Německa, které si Lenina pod příslibem poskytnutí finančních prostředků zavázalo k vykonání státního převratu v Rusku. Účel plánu byl německy jasný a přímočarý : Po převzetí moci Leninovými bolševiky bude mezi Ruskem a Německem uzavřen separátní mír, aby německá armáda měla na východní frontě volné ruce a mohla se vojensky angažovat na frontě západní, kde se situace podle představ německé generality nevyvíjela. Doslova a do písmene - jak se usnesli, tak učinili. Německé císařské úřady vybavily Lenina zhruba 40 miliony říšských marek, spolu s jeho manželkou a třiceti dvěma dalšími revolucionáři posadily do zapečetěného vlaku a ze Švýcarska napříč Evropou na jaře roku 1917 dopravily do Finska a Petrohradu, kde se měli spojit s partou kolem Trockého. Vlak revolucionářů dostal nejvyšší priority a traduje se, že dokonce korunní říšský princ musel na jednom německém nádraží tři hodiny čekat, než Leninův vlak projede.

Málo jsou však obecně i odborníkům známy okolnosti americké mise Trockého. Je to nejspíš dáno i tím, že o jednu historickou vinu za genocidu národů méně nebo více se u dobyvačných Germánů vždycky nějak snese a omluví, avšak se zdánlivě vzornými Američany musejí historikové nakládat s nejvyšší obezřetností. Lev Trockij – osoba židovského původu – byl v USA doslova na roztrhání. Píše do levicových novin, účastní se společenského života, má k dispozici komfortní byt vybavený dokonce ledničkou, což pro srovnání se současnou dobou odpovídá zázraku, jakoby měl dnes někdo na zahradě vrtulník. Úřadující americký prezident Woodrow Wilson mu na počkání vystavuje americký pas, bankéři a politici se v nabízení dolarů jen předhánějí, zasedá Kongres, dveře do FEDu se ani netrhnou. Výsledkem je, že Američané Trockému seslanému jim samotným nebem věnují na plánovanou bolševickou revoluci 20 milionů amerických dolarů ve zlatě a posílají mu je k neomezenému nakládání do švédské banky. Inu, pěkná sumička odpovídající dnes jedné miliardě dolarů.

Kdopak se tedy při podpoře bolševického převratu v carském Rusku u našich dnešních severoatlantických spojenců angažoval nejvíce ? Samá známá jména : dynastie Rockefellerů a Rothschildů jsou již známy z úvodu, dále se štědře prezentoval rod Morganů, nic nezůstali Trockému dlužni ani bankéři Jacob Schiff, William Thomson, Albert Viggin, George Buchanan, Olaf Aschberg a další. Není to však vůbec první finanční injekce na konto tohoto revolučního fanatika. Už v roce 1907 v rámci britské pomoci ruské revoluci obdržel od lorda Alfreda Milnera více než 21 milionů rublů, jak Trockij uvedl ve své autobiografické knize Můj život.

Spokojený Trockij dne 27. března 1917 nastupuje na zaoceánskou loď a po komplikované anabázi s Kanaďany při mezipřistání v Halifaxu ohledně hrozby vězení vyřešenou na základě Wilsonova telegramu britskými úřady přistává dne 17. května v Petrohradě. Tam ho už vyhlíží Lenin a mezi jinými i další totalitní komunistický výlupek - gruzínský zabiják Josif Džugašvili, alias Stalin. Jak je zjevné, Trockij se doslova topil v penězích a nebudeme jistě dělat překvapené, že s nějakou evidencí výdajů a úsporným hospodařením si jako levičácký bohém hlavu nelámal. Je proto na místě úvaha, že pozdější porevoluční konflikt mezi Stalinem a Trockým nemusel být založen čistě na politické, ale i na finanční podstatě. Když se dva desperáti hádají o peníze, je celkem logické, že jeden z nich skončí bradou vzhůru, jak se to v roce 1940 přihodilo Trockému poté, co po Leninově smrti v roce 1924 byl nucen před Stalinem uprchnout do Mexika.

I revoluce se musí umět naplánovat, zejména když po její úspěšné realizaci čeká na investory lákavých 460 milionů dolarů. Jak ukazují dějiny, Američané, Němci a Britové v případě bolševického převratu nic nezanedbali a vše běželo jako po drátkách. Výstřel z Aurory ve skutečnosti sice žádný nezazněl, nicméně Zimní palác v Petrohradě, kde sídlila prozatímní vláda, formálně střežený několika lehce ozbrojenými vojáky byl prakticky bez jediného výstřelu obsazen, carská rodina Romanovců i s carem Mikulášem v roce 1918 bolševiky popravena. Všechno do sebe zapadá jako dokonalé soukolí a Američané si rozdělují oněch 460 milionů dolarů zkasírovaných z bankovních účtů vyvražděných Romanovců z jejich původně uložených 480 milionů dolarů, protože se o ně nemá kdo přihlásit a

„čirou náhodou" propadají bankéřům. Nepochybně celkem slušný výdělek, když pouhých 20 milionů svěřených dolarů jako do typických užitečných idiotů investovali do Trockého a Leninových bolševiků.

Nabízí se taková všetečná až hříšně prostořeká otázka : Kolik milionů přistálo na kontě tehdejšího amerického prezidenta Woodrowa Wilsona ? Bez jeho aktivní součinnosti by se celá investiční transakce nemohla nikdy uskutečnit, protože m.j. Trockij by se bez amerického pasu vydaného Wilsonem nedostal z USA do Ruska a zatčený by zůstal v kanadském vězení.

Nebuďme útlocitní a netruchleme, ty miliony mrtvých Rusů, Ukrajinců, Bělorusů a dalších ze zhruba stovky národů a národností, umučených a zavražděných bolševiky, i utrpení a neštěstí milionů Poláků, Maďarů, Čechů, Slováků, Bulharů, Jihoslovanů, atd. v letech 1948 až 1989 jsou jako vedlejší produkt mlčenlivými svědky chamtivosti uvedených amerických bankéřů a politiků. Je zkrátka dobré občas si připomenout, komu vlastně můžeme za 40 let zpackaného života v československé totalitě „poděkovat".

Majitelé klíčů od USA z řad hlavních amerických bankéřů, zbrojařů a FEDu mohli být tedy instalací Lenina a Trockého do čela sovětského státu spokojeni. Spolupráce s mocichtivými bolševiky jen kvete, američtí bankéři a průmyslníci nacházejí v sovětských revolucionářích vynikající partnery pro své obchodní a podnikatelské zájmy. Sovětští komunisté zakládají 15.3.1921 na sjezdu své komunistické strany tzv. Novou ekonomickou politiku - NEP s výrazným podílem amerického soukromého kapitálu. Posuďte sami příklady vzorné spolupráce bolševiků a amerických průmyslníků a bankéřů.

V roce 1922 byla posvěcena americko-sovětská obchodní komora. Předsedu této instituce vykonával René Schley, rodem židovského původu, stal se místopředsedou představenstva Chase Bank, která byla majetkem klanu Rockefellerů a spol. Stejného roku je podepsána dohoda o spolupráci v oblasti roppného průmyslu mezi židovským průmyslníkem Armand Hammer, Rockefellerovou společností "Standard Oil of New Jersey" a sovětským státem. Dohoda zaručovala sovětskému státu 50 % podíl na těžbě ropy na Kavkaze. Financování americko-sovětské obchodní komory zajišťovala vedle Chase Bank další

Rockefellerova společnost "Equitable Trust Co.". V roce 1925 Chase Bank finančně podporovala americký export bavlny, strojů a železářských výrobků do SSSR. V roce 1927 vybudovala americká naftařská společnost "Standard Oil" v Sovětském svazu obrovskou rafinerii. V roce 1928 se banka Warburg, Kuhn, Loeb & Co. podílela na financování první sovětské pětiletky, když již předtím byla činná jako sovětská depozitní banka a v letech 1918 až 1922 provedla převody více než 600 milionů zlatých rublů.

Totální změnu zaznamenal průmysl. Tvorba živností byla nejen povolena, ale podněcována, a větší podniky nabízeny do pronájmu. Zahraničnímu kapitálu byl povolen vstup do země a udělovány rozsáhlé koncese a těžební práva. NEP ukončil předlouhé debaty tvůrců nového řádu o tom, proč je nucená práce neproduktivní, protože náhle se i jen částečně svobodná práce stala produktivní. Kromě hodnot „proletářské revoluce", které nebyly nikdy zneuznány, se objevila kapitalistická vrstva „nepmanů", kterým sice nebyla přiznána žádná politická moc, ale bylo jim dovoleno, byť doslova na sopce systému, existovat. Navíc mohli operovat nemalými finančními prostředky. Otevíraly se herny a kabarety, objevily se automobily a kočáry, kožichy a šperky, luxusní restaurace.

Jenže v roce 1924 vůdce sovětského Ruska Vladimír Iljič Lenin umírá a na jeho místo se tvrdě prosazuje nesmlouvavý Gruzínec **Josef Wissarionowitsch Stalin,** vl. jm. Ioseb Besarionis dze Džugašvili (1878-1953) a proti americkým společnostem a podnikatelům postupně zavádí restrikce. V roce 1929 sovětský stát NEP dokonce zcela opouští, což u amerických partnerů samozřejmě vyvolává nelibost. Bolševické dítě amerických bankéřů zplozené v roce 1915 evidentně dospělo a své zaoceánské rodiče přestalo poslouchat, čímž jejich strategické plány na ovládnutí a porobení ruského impéria mohly být vyhozeny do odpadkového koše. Sny majitelů USA o světovládě musely být tedy na několik desítek let odloženy. To však neznamená, že by existovat přestaly.

Krvavý Stalin byl tedy vedlejším produktem amerického plánu z roku 1917 na zavedení bolševismu v Rusku. Pokud americká oligarchie krytá prezidentem Woodrowem Wilsonem podpořila miliony dolarů

Trockého a Lenina a vytvořila režim založený na násilí, tak bylo jen otázkou času, že se objeví ještě brachiálnější násilník, než byli oba jmenovaní. To se také stalo v rose 1924 po Leninově smrti. Lze tedy učinit závěr, že za komunismus v Rusku a východní Evropě jednoznačně může Amerika, bez jejíž peněz by se listopadový převrat v Rusku v roce 1917 vůbec nekonal. Historie se často opakuje, tudíž není nic zvláštního, že za dnešním šířením neomarxistických a fašistických idejí stojí opět USA a jejich globální doktrína. Je skutečně zarážející, že tyto hluboké příčinné souvislosti si málokdo uvědomuje. USA jsou tak každému svobodymyslnému člověku tím nejnebezpečnějším nepřítelem.

Přeskočme nyní dlouhé historické období 2. světové války a poválečná léta, jejichž události by vydaly na desítky knih, a posuňme se až do roku 1999. Američané měli po pádu SSSR pod vedením Michaila Gorbačova v roce 1991 slibně rozběhnutou doktrínu na zničení a parcelaci nástupnického okleštěného Ruska známou jako **Houstonský projekt**, když předešlý **Harvardský projekt** zahrnující zničení SSSR a východního bloku byl beze zbytku splněn. Parcelace měla rozčlenit Rusko na čtyři části. Střed a východ by byl pod správou USA a západ, tedy region západně od Moskvy, by byl přičleněn k Evropě. Zbylá území by byla pod jakousi všeobecnou správou. A v té době se americké námořnictvo připravovalo na scénář obsazení Kurilských ostrovů v Sachalinské oblasti. Současně s připojením k USA měly být dokončeny základny USA na severně od Číny a Američané by na začátku 21. století vojensky obsadili celý svět.

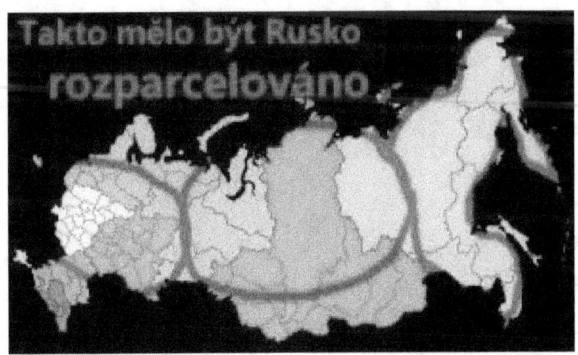

So sollte Russland nach USA parzelliert werden

Na alkoholu závislý ruský prezident **Boris Jelcin** (Boris Nikolajewitsch Jelzin, 1931-2007) po celá 90. léta s Američany vzorně spolupracoval, rozložené Rusko bylo na kolenou a čekalo v podstatě na poslední ránu z milosti. Když najednou neplánovaně nastal problém - na Silvestra roku 1999 (pamětníci si ten moment pamatují, jako by to bylo včera) vstupuje na světovou scénu sebevědomý ruský vlastenec **Vladimír Vladimírovič Putin** (nar. 7. října 1952 v Leningradě, dnes Petrohrad) v pozici nového prezidenta Ruské federace a všechno bylo jinak. S tím šokovaní Američané rozhodně nepočítali, proto museli začít improvizovat.

Vladimír Putin skládá 31.12.1999 po boku
Borise Jelcina svou první prezidentskou přísahu

Co si však budeme v českých zemích povídat, na operativní improvizaci kreativně nepružní až ztuhlí Anglosasové příliš zdaní nejsou (etalonem jednoduchého myšlení byl US prezident Bush ml.), tato kladná vlastnost je doma u Slovanů, takže se kouzlem nechtěného objevily do očí bijící chybičky.

Jednou z nich je právě amatérsky zinscenované sejmutí "dvojčat" v New Yorku a jejich vedle stojícího menšího brášky. Oba mrakodrapy byly zatížené rozhodnutím místního stavebního úřadu o náhradě staré rakovinotvorné protipožární izolace za novou, což by obnášelo enormní náklady. A současně US oligarchie a plutokracie potřebovaly pokračovat v americké doktríně na ovládnutí světa, ale bez nějaké pádné záminky to bylo obtížné, tudíž oba záměry se spojily do jednoho.

Podezření informovaných analytiků a specialistů o zinscenování nového 11. září 2001 americkou plutokracií potvrzuje i v šesté kapitole podrobně rozebraný vojenský plánovač Thomas P. M. Barnett, když vyslovil památný citát : *"Pokud nepropojení světa (orig. disconnectedness) je skutečným nepřítelem, pak musíme v této válce bojovat proti těm, kteří toto podporují, chtějí prosadit a musíme terorizovat všechny, kdo vztáhnou ruce vůči propojenému svobodnému světu, aby se od nás osvobodili. Tím je jasně dán strategický cíl: zničení všech protivníků, kteří jsou proti globalizaci a tudíž proti svobodám, které toto otevírají. Pokud to bude nutné, zinscenujeme nové 11. září !"*.

Obě věže Světového obchodního centra (WTC) byly doslova protýkané kancelářemi amerických podnikatelů židovského původu a hebrejské konfese. Onoho osudného rána 11. září 2001 newyorského času však nikdo z nich do práce nepřišel, protože byli předem varováni. Za stržení oněch 3 výškových budov v New Yorku může v podstatě také Putin.

Koho si však k vykonání likvidace a porobení Ruska a mezitím jako předstupeň zničení Evropy vybrat ? Musí to být logicky někdo místní, kdo má ekonomickou a politickou sílu a je vydíratelný. Volba americké plutokracie padla samozřejmě na poslušnou německou spolkovou kancléřku **Angelu Merkelovou.**

3. Kapitola : <u>Angela Merkelová – pachatel evropské genocidy nebo její oběť</u> ?

Její jméno je nejfrekventovanějším v Evropské unii. Jedna obrovská většina občanů ji nenávidí, druhá skupina z řad přistěhovalců ji miluje. Každopádně jako „majitelka" EU si na sebe vzala obrovskou odpovědnost.

My realisté doufáme, že za pár let po ní ani pes neštěkne a pouze se bude vzpomínat na její nikým oficiálně a demokraticky neschválené pozvání milionů ilegálních imigrantů z Afriky a Blízkého a Středního východu, aby vytvořili reálné hrozby etnických, sociálních, náboženských a zdravotních konfliktů. Můžeme se pouze dohadovat, co za jejím razantním obrácením se od původní kritičky ideologie multikulturalismu k její zuřivé obhájkyni se de facto skrývá. Rozhodně by bylo chybou se domnívat, že se zbláznila, protože ona má všechno perfektně promyšlené a ví, co dělá, jinak by jistě opakovaně spolkové volby nevyhrávala. Absolutně není možné, aby o těchto a ještě mnoha dalších rizicích nevěděla.

Položme si otázku, kdo ji má v hrsti, že se pustila do destrukce demokratické Evropy zalidňováním min. 80 miliony černochů a muslimů ? Cui bono ? Jsme bohužel účastníky a oběťmi důmyslného a předem perfektně připraveného záměru s jasně danými cíli, kterými se jejich autoři ani nijak zvlášť netají a známá jména jeho protagonistů Allen Dulles, Thomas Barnett, Peter Sutherland, George Friedman a mnoho dalších, která budou probrána v dalších kapitolách. Bohužel jde o tvrdou realitu, kterou už ani USA, EU a ostatní neomarxistická a fašistická levice ani neskrývají.

Angela Merkelová mezitím počet přistěhovalců do Německa v roce 2015 už zvýšila na 1 milion, přičemž podle zprávy Vysokého komisaře OSN pro uprchlíky musí Evropa počítat s přílivem 1,5 milionu přistěhovalců, samozřejmě bez jakýchkoliv úvah o jejich byť teoretické repatriaci zpátky do jejich domovů, aby bylo zajištěno jejich základní právo na vlast. O stejných počtech hovoří i američtí představitelé a ve stejném duchu nám vymývají mozky i další apologeti neomarxistického multikulturalismu.

Kancléřka Merkelová je podle všech důkazů a indicií pouze nastrčenou figurkou, kterou z pozadí ovládají podstatně onačejší globální figury toho nejtěžšího kalibru, než je obyčejná Kohlova hodná holka z lidu bez jakéhokoliv přímého ekonomického vlivu a síly následkem nesmírných majetkových hodnot. Těch vlivů bude nejspíš více.

Patrně nejsilněji je řízena Obamovou administrativou následkem odposlechů telefonních hovorů americkou tajnou službou NSA, o jejichž obsahu ví jen ona a Američané, absolutně nikdo jiný, protože telefonní operátor byl povinen je po 6 měsících ze svých paměťových nosičů smazat. Za věrné služby zájmům americké oligarchie jí byla též slíbena Nobelova cena míru a dost možná ještě mnohem víc. Jistě k jejímu „přesvědčení" o multikulturním nadšení byly použity výhrůžky násilím, jak je u Američanů standardní, zejména státním převratem typu Nečasova sejmutí v roce 2013. Každopádně jedním z nejpádnějších argumentů k poslušnosti Merkelové se ukazují důkazy o jejím komunistickém angažmá ve strukturách vládní nomenklatury bývalé NDR a více než pádné indicie o její spolupráci s východoněmeckou tajnou služnou Stasi a dalších podezřelých kontaktech a aktivitách z této éry.

Na snímku označená uprostřed Angela Merkelová

Angela Merkelová je si vědoma jistě i svých závazků vyplývajících z vázacího kancléřského aktu, který jako všichni její předchůdci musela americké okupační správě před nástupen do kancléřského úřadu podepsat. Určitě hrají roli i její neplodnost, absence dětí a klimakterium, tudíž postrádá citové vazby k rodinným příslušníkům, proto jí osudy neexistujících pokrevně blízkých lidí nemusejí dojímat. Ostatně v podobné osobní situaci se ocitl i Adolf Hitler – neplodný následkem zranění genitálu na frontě 1. světové války. Podle nejnovějších historických zjištění z roku 2006 vycházejících z jeho lékařské dokumentace z roku 1923 byla Hitlerova neplodnost způsobena nevyvinutým varletem. Vedle toho odborníci u něj zjistili i vrozenou hypospadií, což je deformace močové trubice a následkem toho znetvoření a nevyvinutí penisu.

Nepochybně nelze vynechat téměř padesátitisícový vojenský kontingent americké okupační správy dislokovaný v Německu. Je na místě podat informaci o aktuálním počtu cizích vojáků na území SRN : Rusko - nula, USA - 42.450, Británie - 13.400, Francie - 1.620, Nizozemí - 480, Belgie - 105, Kanada 140, Celkem cca 58.200 okupačních vojáků.

Už je to snad zřejmé všem analyticky uvažujícím, že USA se rozhodly Německo zničit. I aféra s automobilovým koncernem Volkswagen z roku 2005 je načasovaná na tuto dobu přílivu předem naplánovaných imigrantů, ačkoliv o nesrovnalostech s imisními limity německých automobilů měli Američané důkazy už dva roky předtím. Zkusme si položit otázku, za co si tento trest Němci vysloužili ?

Primárním cílem americké oligarchie a jí ovládané Obamovy administrativy je vyvolat ve světě chaos a destrukci, optimální by byla samozřejmě občanská válka v Evropě, protože tím by získali odbytiště svých zbraní a technologií. Ale i sociální, zdravotní, etnické a náboženské problémy nejsou k zahození, protože Evropu oslabují, čímž USA posilují a otevírá se jim šance státnímu bankrotu a pádu dolaru zabránit nebo je aspoň oddálit. Němci se před ukrajinským konfliktem dost sbližovali s Ruskem, což Američané nemohli strpět.

Zdeptaná Angela Merkelová a mentorující Barack Obama
na osudové návštěvě v USA v únoru 2015

Uvolnění partneři Vladimír Putin a Angela Merkelová

Američané předložili Němcům válečnou doktrínu k útoku na Rusko, což Němci samozřejmě odmítli, ačkoliv měli od USA slíben za odměnu severozápad evropské části Ruska a etnicky vystěhovanou střední Evropu od Slovanů k čistě německému osídlení. Tak teď musejí za své odmítnutí trpět následkem milionů přistěhovalců. Zatím, že ano. Napřesrok se uvidí, jestli to nebude víc, dokud se „neumoudří". Nebo se snad vzchopí sami Evropané a řeknou ne ? Z politiky Angely Merkelové lze dovodit, že ona ani její politika nedopadnou dobře. Až příliš se její životní osudy podobají jejímu nacistickému kancléřskému předchůdci.

4. kapitola : Angela Merkelová – evropské požehnání nebo prokletí ?

Německá občanka **Angela Merkelová**, rozená Kasnerová, celým jménem **Angela Dorothea Merkel**, narozená 17. července 1954 v Hamburku je za Křesťanskodemokratickou od roku 2005 unii kancléřkou Spolkové republiky Německo a první ženou v tomto úřadu. Je dcerou evangelického kněze Horsta Kasnera (1926-2011) a učitelky latiny a angličtiny Herlind Kasnerové (rozená Jentzschová, nar. r. 1928 v Gdaňsku). Na podzim 1954 se Angelina rodina přestěhovala do Německé demokratické republiky, a to do Quitzowa u Perlebergu, kde její otec nastoupil na nové místo pastora. Po maturitě na výbornou, kde se projevilo její nadprůměrné nadání pro matematiku a cizí jazyky, studovala od roku 1973 fyziku na Univerzitě v Lipsku. Od roku 1978 do 1990 pracovala jako vědecká spolupracovnice na Institutu fyzikální chemie Akademie věd NDR v Berlíně v oboru kvantové chemie. Zde byla členkou krajského vedení Freie Deutsche Jugend (FDJ) a stala se sekretářkou této organizace pro agitaci a propagandu. Pracovat jako fyzik sa podle jejího manžela Angele nikdy nechtělo. Lákala ji kariéra političky a veřejného činitele.

První manželství s fyzikem Ulrichem Merkelem trvalo od 1977 do 1982. Jednoho krásného dne si sbalila pračku a ze spoločného bytu sa odstěhovala. Podle jejích slov prvního manžela neměla vůbec ráda, seznámila se s ním o prázdninách v Moskvě a Petrohradě. *„...Vzali jsme se prostě proto, protože se brali všichni. Dnes to vyznívá hloupě, ale k manželství jsem se postavile bez potřebné odpovědnosti. Zklamala jsem samu sebe."* Podruhé je vdaná za berlínského profesora chemie Joachima Sauera.

Na snímku v popředí Angela Merkelová

Byla také členom Svazu sovětsko-německého přáteství. Podle Gerda Langguta, jejího osobního životopisce, získala přezdívku „Zonenwachtel", doslova „křepelka zóny" a vedle toho mezi lidmi jako vrcholně otravné a prorežimní děvče na východ od Labe.

Angela Merkelová organizovala sbírky na nákup zbraní pro „marxisticko-leninské" partyzány v Mozambiku, Zimbabwe, Angole, Jihoafrické republice a jiných státech v Africe. Poté sa stala tak zpřízněnou osobou Honeckerovského režimu, že ji pouštěli dokonce i do NSR. Také privilegium poskytovala NDR jen málokomu, prakticky jen stranickým funkcionářům a spolupracovníkům tajné policie Stasi. Ale podstatně častěji cestovala do SSSR. Ješte jako středoškolačka a členka FDJ vyhrála olympiádu z ruštiny. Několik mesíců pobývala v Doněcku na Ukrajině, oficiálně za účelem výuky ruského jazyka, který i bez toho ovládala solidně.

Na snímku vlevo Angela Merkelová
na nudistické pláži FKK

Mnozí jsou přesvědčeni, že Merkelová sloužila východonemecké tajné policii Stasi jako její spolupracovník pod krycím jménem **Erika**. Merkelová na svůj pobyt v Doněcku nevzpomíná ani slovíčkem. Nikdy ani neuvažovala o žádném disentu nebo odporu. Na Akademii věd NDR přijímali jen spolupracovníky Stasi a na funkci tajemníka FDJ pro ideologii to jinak ani nebylo možné. V Akademii věd sdílela společnou kancelář s agentem Stasi **Michaelem Schindhelmem**. V budove sídlila i televize NDR a elitní brigáda speciálního určení Felixe Dzeržinského. Obyčejný smrtelník se dovnitř budovy nikdy nedostal.

Na snímku vlevo Angela Merkelová, vpravo Thomas de Maizière

Schindhelm studoval ve Voroněži v tehdejším SSSR, kde ho získala tajná služba ke spolupráci. Byl jednak pracovním a služebním kolegou Angely Merkelové a jednak i jejím milencem. Později se Schindhelm stal spisovatelem a ve svém prvním románě Robert´s Reise (Robertova cesta) popsal nejen svou práci u Stasi, ale rovněž práci své kolegyně v kanceláři pod krycím jmenem Erika, která Angelu Merkelovou velice připomíná. Dnes je šéfem divadla ve švýcarské Basileji.

Samotná Merkelová přiznává, že se ji Stasi snažila získat ke spolupráci, avšak údajně se jí podařilo se vyvléknout s odvoláním se na jí upovídanost. Nezodpovězenou otázkou však zůstává, co učinila Stasi s těmi, kteří spolupráci odmítli ? Stěží by poté mohla vykonávat funkci tajemníka pro ideologii, agitaci a propagandu.

Na snímku vpravo Angela Merkelová, vlevo Lothar de Maizière

Když Honeckerův režim začal ztrácet dech a vypukly spontánní protesty obyvatel NDR, Merkelová se jich nezúčastňovala. Dne 9. listopadu 1989 padla berlínská zeď, ale Merkelová byla v tom momentě v sauně. Koncem roku 1989 vstoupila do nově vzniklé strany Demokratický průlom (Demokratischer Aufbruch, zkr. DA) a později se stala její tiskovou mluvčí. Do této organizace ji pozval advokát Wolfgang Schnur, který zde na základě pokynu Stasi vykonával předsedu a jako agent disponoval krycím jmény Torsten a doktor Ralph Schirmer. Wolfgang Schnur pracoval od roku 1965 jako právník zejména v církevní oblasti společně s otcem Angely Merkelové.

Na snímku vlevo Angela Merkelová

Wofgang Schnur a Angelin otec Horst Kasner předávali informace svému nadřízenému ve Stasi **Clemensi de Maizière** (1906-1980). Po volbách do lidové sněmovny NDR (něm. Volkskammer) v roce 1990 se stala Merkelová druhou mluvčí poslední vlády NDR premiéra Lothara de Maizièra (nar. 1940), syn jmenovaného Clemense de Maizière. Původně se předsedou vlády měl stát Wofgang Schnur. Naneštěstí pro něj ale byly zveřejněny archívy Stasi a vypukl obrovský skandál. Schnur by nucen odejít a jeho místo obsadil Lothar de Maizière.

Na snímku vlevo Angela Merkelová

V srpnu 1990 po sloučení Demokratischer Aufbruch a východoněmecké Křesťansko-demokratické unie (CDU) se Merkelová stala automaticky členkou celospolkové CDU. Na podzim téhož roku byla zvolena přímým mandátem do Spolkového sněmu (Bundestag). Ve vládě Helmuta Kohla se v lednu 1991 stala spolkovou ministryní pro ženy a mládež. V prosinci téhož roku byla zvolena místopředsedkyní celospolkové CDU. V roce 1992 vyšlo najevo, že **Lothar de Maizière**, který v té doby vykonával v CDU funkci místopředsedy svého letitého šéfa Helmuta Kohla a současně ministra spolkové vlády pro speciální záležitosti, byl spolupracovníkem Stasi pod krycím jménem Czerni.

Na snímku vlevo Angela Merkelová, vpravo Helmut Kohl

Od roku 1993 do roku 2000 zastávala funkci zemské předsedkyně CDU v nové německé spolkové zemi Meklenbursko-Přední Pomořany. Současně v letech 1994 až 1998 vykonávala úřad spolkové ministryně ochrany prostředí, přírody a bezpečnosti atomových reaktorů.

Jistě čtenáře zaujalo, že neněmecky znějícím příjmením **de Maizière** se to v kariéře Merkelové jen hemží. Že nejde o náhodu, dokládá i současné složení spolkové vlády po posledních spolkových volbách v roce 2013, kde strategickou funkci ministra vnitra - samozřejmě jako nominant CDU - vykonává **Thomas de Maizière** (nar. 1954), který je bratrancem nechvalně jako spolupracovníka Stasi proslulého Lothara de Maizière a vrstevníkem Merkelové.

Thomas de Maizière, spolkový ministr vnitra

Všichni tři jmenovaní – Clemens, Lothar i Thomas - pocházejí ze starého prusko-francouzského rodu Hugenotů, který koncem 17. století uprchl před pronásledováním z francouzské Lotaringie do Německa a usídlil se v Braniborech. Nikoho jistě nepřekvapí, že Thomas de Maizière je dávným přítelem Markelové z Meklenburska. A právě těmto třem mužům je za svou kariéru bývalá svazačka Angela vděčná, takže není zvláštní, že posledně jmenovaný s ní sedí v jednom vládním kabinetu. Také v tomto případě nejde o nic překvapivého, protože do služební náplně ministerstva vnitra patří správa archívů bývalé tajné služby Stasi, tudíž mít krytá záda jedním z nejbližších rodinných přátel je naprosto logické.

Kromě toho to byl právě Thomas de Maizière, který pomáhal Angele se startem politické kariéry ve straně Demokratischer Aufbruch, když se původní kandidát na předsedu vlády NDR Wofgang Schnur zprofanoval skandálem spolupracovníka Stasi.

Ještě se věnujme důležité roli jejího otce **Horsta Kasnera** (1926-2011). Jako evangelický kněz ihned po narození Angely v roce 1954 vycestoval s rodinou ze západoněmeckého Hamburku do NDR. To je více než pozoruhodné, protože miliony východoněmeckých občanů putovali přesně opačným směrem. Ne nadarmo špičky NDR považovali Kasnera za „nejpokrokovější sílu" a získal přezdívku „rudý Kasner". Angažoval se v rámci prorežimní evangelické iniciativy Weißenseer Arbeitskreis a pracoval na teoretické stati Církve za socialismu společně s již zmíněnými spolupracovníky Stasi Wolfgangem Schnurem a Clemensem de Maizière. Horst Kasner měl dvě auta, jedno soukromé a druhé služební s řidičem. Měl právo kdykoliv vycestovat do NSR, aniž to oznámil svým nadřízeným a aniž potřeboval svolení státních úřadů. Jak je dále vysvětlitelné, že dcera řadového kněze se stává členkou a funkcionářkou FDJ a se svými sourozenci Irenou a Marcusem je přijata na vysokou školu ? Horst Kasner byl od počátku proti sjednocení Německa. Jeho otec a děda Angely Ludwig Kazmierczak se narodil roku 1896 v dnešní Poznani, německy Posen a zemřel r. 1959. Byl nemanželským synem Anny Rychlické-Kazmierczak a Ludwiga Wojciechowského. Po první světové válce, když po porážce Německé říše připadla Poznaň novému Polsku, se odstěhoval do Berlína, změnil si jméno na Kasner, náboženství z katolického na protestanské a sloužil u místní policie.

V listopadu roku 1998 byla Angela Merkelová na návrh nového spolkového předsedy Wolfganga Schäubleho zvolena generální tajemnicí Křesťansko-demokratické unie. V této funkci setrvala až do dubna 2000, kdy po aféře svého předsedy Helmuta Kohla se stranickými dary byla zvolena předsedkyní CDU. Její hvězdná chvíle konečně nastala dne 22. listopadu 2005, kdy po vítězných volbách do Spolkového sněmu vystřídala Gerharda Schrödera ve funkci spolkového kancléře. Tento úspěch se jí podařil zopakovat ještě dvakrát, a to v letech 2009 a 2013.

Na snímku vpravo Angela Merkelová, vlevo Wolfgang Schäuble

V roce 2005 připravovala německá televizní stanice Der Westdeutsche Rundfunk, zkr. WDR, dokumentární film o **Robertovi Havemannovi**

(1910-1982), vědci a chemikovi, který byl jedním z nejznámějších disidentů NDR. Původně však byl kovaným předválečným komunistou a za nacistů byl v nepřítomnosti odsouzen k trestu smrti za antifašistickou činnost v tajných organizacích. Havemann se po válce díky svému levicovému přesvědčení stal spolupracovníkem Stasi, ale v roce 1964 byl vyloučený z východoněmecké komunistické strany za „odklon od linie marxismu-leninizmu" a profesně byl zlikvidován. Z místa ředitele Institutu fyzikální chemie Akademie věd NDR, kde pracovala i Merkelová, byl nemilosrdně suspendován. Od roku 1976 žil v domácím vězení ve východním Berlíně pod neustálým dohledem, přístup do jeho obydlí byl přísně omezený a kontrolovaný a navštívit jej mohli pouze lidé se zvláštní povolením Stasi. Během prohlížení dobových fotografií a zkoumání osob, kteří Havemanna v jeho domě navštěvovali, televizní novináři identifikovali i mladou Angelu Merkelovou !!! Na jejich žádost o vysvětlení Merkelová reagovala neurvale a podrážděně, nic konkrétního nesdělila a filmařům zakázala fotografii zveřejnit. Avšak některé švýcarské časopisy ji zveřejnily a doprovodili obsah fotografie hypotézou, že Merkelová navštěvovala Havemanna na podkladě pokynů svého řídícího důstojníka z tajné služby Stasi a měla za úkol jej přesvědčit, aby od své protistátní činnosti upustil a totalitním úřadům nedělal problémy.

Během současné evropské imigrační krize započaté v roce 2015 Merkelová čelí ostré kritice za otevřený přístup k přijímání imigrantů (takzvanou Willkommenskultur). Německá kancléřka v srpnu 2015 na adresu vlny imigrantů prohlásila, že Evropa vlnu imigrantů zvládne; krátce na to Spolkový úřad pro migraci a uprchlíky (BAMF) oznámil, že nebude vracet osoby syrského původu, které budou žádat o azyl, ačkoliv přišly z jiné bezpečné země. Již v druhé polovině září 2015 toto rozhodnutí kancléřky důrazně kritizoval bavorský premiér **Horst Seehofer**, když řekl mimo jiné, že Merkelová svými výroky v podstatě vyzvala běžence, aby se z Maďarska přesunuli do Německa a tím zastavila platnost evropských azylových pravidel.

V těchto souvislostech je důležité si položit otázku, proč se posledním spolkovým prezidentem stal **Joachim Gauck** ? Jak již uvedeno, existují pádné indicie, že Merkelová-Kasnerová byla agentkou Stasi pod krycím jménem Erika, nicméně její konfidentská složka se nikdy neobjevila.

Podle mého názoru za tím stojí právě dotyčný Joachim Gauck (nar. 1940 v Rostocku), který v letech 1990 až 2000 vykonával funkci spolkového pověřence materiálů býv. tajné služby NDR (německy Bundesbeauftragter für die Unterlagen des Staatssicherheitsdienstes der ehemaligen Deutschen Demokratischen Republik, zkr. BStU) a archívy Stasi měl pochopitelně na starosti. Mnohdy se zkráceně hovoří pouze o Gauckově úřadu. Gauck byl historicky prvním živým člověkem existujícím mimo Stasi, který se s jejími archívy měl příležitost seznámit. Byť to mnoho informovaných zpochybňuje, nemohu se zbavit názoru, že nalézt spis Angely Merkelové, rozené Kasnerové, nebylo žádným uměním, protože v rozhodujících letech pracovala v Akademii věd NDR. Tudíž Gauck zcela zjevně musel díky svým podřízeným vědět naprosto přesně, do kterého příslušného regálu v archívu je nutné sáhnout. Když po aféře a odstoupení Gauckova předchůdce Christiana Wulffa roce 2012 se úřad spolkového prezidenta uvolnil, proto si ho také Merkelová automaticky vybrala za svého spolkového prezidenta, aby měla i ze strany její temné historie krytá záda.

Dokonce by nebylo vůbec mimořádné a zvláštní, že Gauck její spis agentky Stasi velmi dobře takříkaje zobchodoval. Proto se můžeme naprosto důvodně domnívat, že její složka se už na teritoriu SRN nenachází. Samozřejmě každého napadne otázka, kde se tedy její konfidentský spis v současné době nachází ? Podle všech indicií i disponibilních souvislostí nebude daleko od pravdy, že je spolu s kancléřským vázacím aktem dobře uschovaný za oceánem v trezoru Bílého domu ve Washingtonu a už nikdy na světlo světa nevyjde. Jednou z pádných indicií je zcela prokazatelná skutečnost, že prezident Gauck se ve své státní funkci dnes prezentuje jako fanatický stoupenec multikulturalismu a globalizace, tedy přesně tak, jak požaduje americká státní doktrína na likvidaci Evropy a ovládnutí Evropanů. Tím se pomyslná spojnice mezi temnou minulostí, černou přítomností a ještě černější budoucností Merkelové uzavírá.

5. kapitola : Richard N. Coudenhove-Kalergi – architekt Nového světového řádu

Vážení čtenáři, co myslíte, jak by bylo nejlépe, rychle a bez odporu realizovat světovládné plány americké oligarchie a plutokracie a jejích evropských sluhů ? Násilím po vzoru Hitlera, Stalina a jim podobným krutovládcům nebo hladce a dobrovolně ? Samozřejmě optimální je dobrovolná metoda bez krveprolití a bez násilí, kdy miliony Evropanů samy budou jásat nadšením, aniž si rafinovanou lest své genocidy budou uvědomovat. Ale k tomu potřebuje tato mocenská klika nějakou líbivou ideologii, aby obyvatelstvo starého kontinetu účelově zmanipulovala a rafinovaně zlomila jeho odpor. Kde ji však vzít ?

V roce 2000 najala americká administrativa na vyhotovení nové světovládné ideologie jako další státní doktríny **Thomase P. M. Barnetta**, poradce bývalého amerického ministra obrany Donalda Rumsfelda, vojenského plánovače a činitele americké korporátní oligarchie. Ten se ve svých třech knihách ohlédnul do světové historie a s překvapením zjistil, že taková ideologie už byla dávno formulována.

Oním protagonistou plánované totální genocidy evropských národů a států je **Richard Mikuláš hrabě von Coudenhove-Kalergi** (německy Richard Nicolaus Graf Coudenhove-Kalergi), 1894-1972. Jeho otcem byl rakouský obchodní zástupce v Japonsku Heinrich von Coudenhove a matkou otcova japonská manželka Mitsuko Aoyama. Tento rakouský politik s československým občanstvím napsal tři nejvýznamnější kultovní knižní díla, a to z roku 1924 **Panevropský manifest**, z roku 1925 **Praktický idealismus** a z roku 1966 **Život Evropě. Moje vzpomínky**.

V roce 1922 Coudehove-Kalergi založil ve Vídni hnutí Panevropan, které předjímalo nastolení Nového světového řádu (NWO) založeného na federaci národů řízené Spojenými státy americkými. Prvním krokem k jediné světové vládě mělo být sjednocení Evropy, aby byla z jednoho centra dobře ovladatelná. S nástupem fašismu v Německu musel být plán na čas zastaven a jeho hnutí bylo nuceno se rozpustit, ale po druhé světové válce se Kalergimu podařilo prosadit projekt do vlády USA.

Coudenhove-Kalergi a jeho Panevropský manifest

Tzv. **Kalergiho plán** byl tedy už na světě, pouze stačilo jej opatřit novodobými liberálními pentličkami a lákadly a vytvořit metodologii k jeho realizaci. Jaká je podstata onoho zběsilého Kalergiho plánu ? Ďábelsky šílená, bezprecedentně nepřátelská, až člověku mrazí v zádech. Jedná se o odpornou totalitně rasistickou doktrínu směřující vůči bílé evropské rase a příslušníkům evropských národů a národností. Ostatně, stačí číst dále.

Podle něho je nezbytné „křížit" evropské národy s Asiaty a černochy, aby vzniklo mnohaetnické stádo bez specifických národních vlastností, zaostalé, hloupé, se sníženou inteligencí, snadno ovladatelné vyvolenými elitami u světové moci. Ve svých dílech rozvádí myšlenku, že jedinou cestou k míru je zrušení existence jednotlivých národních států, zrušení práva na sebeurčení národů, omezení a zrušení moci lidu, zničení jednotlivých národů jako takových. Toho cíle má být dosaženo plánovanou imigrací cizorodých národů do Evropy a vytvořením světlehnědé „euro-asijské negroidní rasy". Podle jeho vyloženě psychopatických slov *„Člověk budoucnosti bude smíšené krve. Mnohost národů bude nahrazena budoucí euroasijsko-negroidní rasou, velmi podobnou starým Egypťanům."*

Ve své knize z roku 1924 **Panevropský manifest** (v něm. originále Das Pan-Europäische Manifest) lživě a ve světle dnešních událostí neuvěřitelně cynicky a zákeřně uzavírá : *„Vor die Wahl gestellt zwischen Frieden und Krieg, Freiheit und Unterdrückung, Wohlstand und Ruin, wird Europa sich in seiner überwältigenden Mehrheit für Paneuropa entscheiden. Wer seine Nation liebt, muss Paneuropa wollen! Wer seine Familie liebt, muss Paneuropa wollen! Wer sich selbst liebt, muss Paneuropa wollen! Denn nur durch ein europäischer Dauerfrieden sichert die Zukunft der europäischen Nationen, Familien und Menschen. Schliesst euch also, Europäer, in Massen der paneuropäischen Bewegung an und rettet Europa und eure Kinder!"*

Přeloženo : *„Stojíce před volbou mezi mírem a válkou, svobodou a útiskem, blahobytem a troskami, Evropa se svou převažující většinou rozhodne pro Panevropu. Kdo svůj národ miluje, musí zvolit Panevropu ! Kdo svou rodinu miluje, musí zvolit Panevropu ! Kdo moluje sebe, musí zvolit Panevropu ! Neboť pouze trvalým evropským mírem zajistí budoucnost evropských národů, rodin a lidí. Připojte se, Evropané, hromadně k panevropskému hnutí a zachraňte Evropu a své děti !"*

Ve své další knize z roku 1925 **Praktický idealismus** (v něm. originále Praktischer Idealismus) Kalergi plánuje, že obyvatelé budoucích tzv. Spojených států evropských již nebudou původními národy starého evropského kontinentu, ale bude to druh zvířeckých podlidí vzniklých mísením ras. Vyjmenovává všechny špatné vlastnosti, které podle něj mezirasové křížení posiluje. Znamená to tedy, že Kalergi s plným vědomím přeje bílým Evropanům prostřednictvím křížení úpadek, destrukci a likvidaci. Dále hovoří o nedotknutelnosti a nezbytnosti zajištění práv národnostních menšin a odluce národa od státu.

R. N. COUDENHOVE-KALERGI

PRAKTISCHER IDEALISMUS

ADEL–TECHNIK–PAZIFISMUS

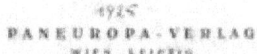

PANEUROPA-VERLAG
WIEN LEIPZIG

Kalergiho kniha Praktický idealismus

Kalergi svým dílem vyhrožuje, že právo na sebeurčení evropských národů musí být zrušeno, národy musejí být nejrůznějšími metodami postupně eliminovány. Aby Američané a jejich plutokracie mohli ovládnout Evropu, plánoval přetvoření homogenních národů v nový evropský lid vzniklý uměle organizovaným křížením. Podle jeho názorů nejprve musí být odstraněna v Evropě demokracie a její výdobytky a poté národy. Bílí Evropané mají být nahrazeni kříženou snadno ovladatelnou monolitickou rasou. K tomu je třeba zrušit princip rovnosti občanů před zákonem, aby se zabránilo odporu diskriminovaného původního obavatelstva. Masy bezprizorních lidí budou ovládány výjimečnými zákony.

Originální v jeho plánu je myšlenka, že dosažení cílů získání moci nebude prosazováno doposud tradiční násilnou genocidou, ale umělým vytvářením otrockých podlidí, kteří vzhledem ke svým vyšlechtěným negativním charakteristikám budou bez odporu ovládající vznešenou elitu přijímat a podřizovat se jí.

Zákeřná a totalitně despotická je na Kalergiho plánu skutečnost, že ačkoliv jeho dílo a myšlenky nejsou nikde zmiňovány, staly se inspirací k současným rozvratným aktivitám orgánů Evropské unie, aniž k těmto krokům byly voliči evropských států pověřeny. Jeho idea, že evropské národy se musí smísit s černochy a asiaty, aby byla zničena jejich identita a jejich státy a vznikla nová smíšená evropská rasa, je základem veškeré evropské politiky. Bruselské direktivy jsou vydávány s nelítostnou rozhodností za účelem realizace největší genocidy v historii lidstva.

Teze Kalergiho plánu se staly základem oficiální politiky celé řady vlád a nadnárodních organizací, včetně EU a OSN, kteréžto tak prosazují genocidu evropských národů pomocí masové imigrace. Bývalý ředitel Světové zdravotnické organizace **G. Brock Chisholm** aplikuje Kalergiho krutovládnou doktrínu svými slovy : *„Co lidé musejí všude rozvíjet, to je kontrola porodnosti a smíšená mezirasová manželství, za účelem vytvoření jediné rasy v jediném světě závislé na centrální autoritě."* A kdo má být onou „centrální autoritou", na níž budou všichni závislí ? No přece americká oligarchie rekrutující se z FEDu, NWO a Bilderbergu.

Proto slyšíme ze všech vládních sdělovacích prostředků, že musíme uprchlíky přijímat, že jde o nevyhnutelnou realitu, s níž se musíme smířit a nelze proti tomu nic učinit. Vlády a EU se nám pokoušejí namluvit, že je to nevyhnutelný důsledek naší kolonizační historie, ale ve skutečnosti jde o sofistikovaný dlouhodobý plán připravovaný desítky let za účelem získání absolutní světové nadvlády prostřednictvím zničení našeho starého dobrého evropského domu.

Na počest Kalergiho byla v roce 2010 ustanovena Evropská cena Coudenhova-Kalergiho. Každé dva roky jsou jí odměňováni propagátoři, kteří se obzvláště vyznamenali v naplňování jeho zločinného plánu. Mezi nimi je **Angela Merkelová**, které byla tato cena udělena jako první, a **Herman van Rompuy**, který ji dostal v roce 2012 na speciálním kongresu ve Vídni u příležitosti oslavy 90 let panevropského hnutí. Dalším veřejně známým držitelem z roku 2014 je **Jean Claude-Juncker**.

Coudenhove-Kalergi, van Rompuy a červený kříž
přes Slunce jako symbol panevropského hnutí

Účastníci udělení první Coudenhove-Kalergiho
ceny Angele Merkelové v roce 2010

Implementace Kalergiho ideologie je podporována a financována
především globální finanční oligarchií, o čemž vypovídá zejména
následující indicie. Důležitý výrok samotného Richarda Coudenhove-
Kalergi se nachází v jeho knize z roku 1966 **Život Evropě. Moje
vzpomínky** (v něm. originále Ein Leben für Europa. Meine
Erinnerungen) na str. 124 – 125 : *„Počátkem roku 1924 nám volal*

baron Louis Rothschild. Jeden z jeho přátel, Max Warburg z Hamburgu, četl mou knihu a chtěl nás poznat. K mému velkému údivu mi Warburg spontánně nabídl šedesát tisíc zlatých marek za účelem oživení hnutí během prvních tří let. "

Když pozorně pozorujeme svět kolem sebe, vidíme na vlastní oči a doslova v přímém přenosu, že Kalergiho plán je v běhu a plně realizován. Současná situace v Evropě, zejména západní, se nápadně do písmene shoduje s publikovanými tezemi Kalergiho plánu. Stojíme před opravdovou fatální přeměnou Evropy v tragický Třetí svět. Synonymem nového občanství je multikulturalismus a nucené míšenectví. Původní Evropané budou ve svých domovských státech menšinou pohlcenou hordami asijských a afrických přistěhovalců. Smíšená manželství produkují každý rok tisíce míšených jednotlivců Kalergiho dětí. Pod dvojím tlakem desinformací a ohlupování lidí i díky prorežimním masovým komunikačním prostředkům byli Evropané dotlačeni k popření svého vlastního původu, k zapomenutí svých vlastních etnických identit.

Člověk nemusí být nějak zvlášť bystrého rozumu, aby neviděl, že všechno do sebe zapadá jako puzzle : **(1)** tok peněz z USA na Blízký východ, **(2)** uměle vyvolané války a rozvrat států v severní Africe za účelem uvolnění komunikačního koridoru z centrální Afriky, **(3)** krvavé války a rozvrat států na Blízkém východě s cílem vygenerovat poptávku přistěhovalců z Asie a Arábie, **(4)** postupující fašistická a rasisitická idea multi-kulti k obalamucení Evropanů, **(5)** zoufalá snaha Berlína, Bruselu a Washingtonu dostat do Evropy co nejdřív a co nejvíce barevných přistěhovalců, přičemž o inteligentní ruskojazyčné východoslovanské imigranty evidentně není zájem, **(6)** do očí bijící pasivita vedení EU a jejích členských protektorátů bránit imigraci, **(7)** skrytá i otevřená kolaborace národních vlád s Bruselem a USA dostat do Evropy co nejvíce mladých mužů jako nové americké výbojné vojáky, protože bílí Evropané proti Rusku a Číně válčit nechtějí a nebudou, atd., atd.

Rozvrat Evropy a na prvním místě Německa je plánem americké bankovní a zbrojní oligarchie a jí řízené americké administrativy. Všechny důkazy o tom svědčí. Na tyto a ještě mnoho dalších nepříjemných otázek nám žádná vlastizrádná protektorátní vláda ani proamerický mainstream nikdy neodpověděly. Apologeti globalizace se snaží evropské občany přesvědčit, aby se vzdali své vlastní identity, protože to je údajně pokrokovým a humanitárním aktem. Ohlupují evropské muže a ženy, že vlastenectví je chybné a zastaralé, a to proto, že by z nás naši protektoři a despotové rádi měli slepé a hluché konzumenty. V tuto dobu je naprosto nutné reagovat na lži agresivně nastupujícího fašistického a rasistického systému, probouzet duch vzpoury u Evropanů. Musíme ukazovat všem, že integrace masové imigrace se rovná naší osobní a rodinné genocidě. Nemáme tedy jinou možnost než se vzbouřit, zbývající alternativou je etnická sebevražda. Buď svobodný život nebo jistá smrt.

6. kapitola : Thomas P. M. Barnett – přičinlivý Coudenhove-Kalergiho učedník

Jak v předešlé kapitole již zmíněno, americká administrativa najala na vyhotovení nové americké světovládné doktríny **Thomase P. M. Barnetta** (nar. roku 1962 ve státě Wisconsin), poradce bývalého amerického ministra obrany Donalda Rumsfelda, vojenského plánovače a činitele americké korporátní oligarchie. Barnett studoval na universitě ve Visconsinu ruský jazyk a literaturu a mezinárodní vztahy. V letech 1998 až 2004 přednášel na americké námořní válečné akademii (angl. Naval War College, zkr. NWC) (deutsch Seekriegsakademie). Ačkoliv před 11. zářím 2001 považoval islám za hlavního amerického protivníka, po tomto datu názor paradoxně diametrálně změnil a přičlenil mu strategické místo k dosažení amerických světovládných cílů.

"Das Endziel ist die Gleichschaltung aller Länder der Erde, ... durch die Vermischung der Rassen, mit dem Ziel einer hellbraunen Rasse in Europa, dazu sollen in Europa jährlich 1,5 Millionen Einwanderer aus der dritten Welt aufgenommen werden. Das Ergebnis ist eine Bevölkerung mit einem durchschnittlichen IQ von 90, zu dumm zu Begreifen, aber intelligent genug um zu arbeiten."

"Jawohl, ich nehme die vernunftwidrigen Argumente unserer Gegner zur Kenntnis, doch sollten sie Widerstand gegen die globale Weltordnung leisten,

wir werden sie töten!

Thomas P. M. Barnett
*1962 in Chilton, Wisconsin ist ein US-amerikanischer Forscher auf dem Gebiet der Militärstrategie und Globalisierungsfanatiker.

Thomas P. M. Barnett a jeho děsivé rasistické výroky v německém překladu

Překlad výše červeně vytisknutých neuvěřitelných rasistických Barnettových citátů : *„Konečným cílem je homogenizace všech zemí na na naší planetě,......smísením ras s cílem světlehnědé rasy v Evropě, k čemuž musí Evropa přijmout každoročně 1,5 milionu přistěhovalců ze zemí třetího světa. Výsledkem bude obyvatelstvo průměrného IQ 90, příliš hloupé na chápání, ale dostatečně inteligentní, aby pracovalo."*
„Ovšemže beru na vědomí protismyslné argumenty našich protivníků, avšak pokud by si dovolili proti globálnímu světovému pořádku klást odpor, <u>zabijeme je</u> !".

Barnett je znám vydáním svých tří strategických knih **(1)** The Pentagon's New Map. War and Peace in the Twenty-first Century (2004), **(2)** The Pentagon's New Map. Blueprint for Action. A Future Worth Creating (2005) a **(3)** Great Powers. America and the World after Bush (2009), jimiž formuloval novou americkou doktrínu multikulturalismu a globalizace.

Tři Barnettovy stěžejní knihy zpracovávající americkou doktrínu multikulturalismu a globalizace

Barnett vyšel z Coudenhove-Kalergiho myšlenek a jeho rasistiskou totalitní ideologii přizpůsobil současné době a výhradním zájmům USA a jejich relevantním majitelům. Stěžejní k pochopení veškerých globálních politických souvislostí jsou Barnettovy účelově rasistické a amorální nenávistné výroky vycházející z Coudenhove-Kalergiho myšlenek. Konečným cílem globalizace má být homogenizace všech států na zeměkouli. Toho prý musí být dosaženo smíšením ras s cílem vzniku světle hnědé rasy v Evropě. Proto podle Barnetta musí Evropa přijímat ročně 1,5 milionu přistěhovalců ze zemí třetího světa. Výsledkem tak podle jeho šílených záměrů bude vznik populace s průměrným IQ 90. Půjde o vyšlechtěné příslušníky lidské populace, kteří budou příliš hloupí na to, aby chápali, ale dost inteligentní, aby pro vyvolené zaoceánské světovládce pracovali.

Pozorný čtenář zjistí, že oproti Kalergiho plánu učinil Barnett ve své doktríně jednu podstatnou odchylku - z přistěhovaleckých vln do Evropy vyloučil Asiaty. Proč ? Protože svým rasistickým výzkumem zjistil, že Asiaté mají IQ o hodnotách 100 a více, což by jeho plán na zhloupnutí Evropanů samozřejmě paralyzovalo.

Barnett tedy vypracoval a americké plutokracii připravil sofistikovanou světovládnou doktrínu jednoho státu na Zemi (One State), kde veškerá planetární moc bude v rukou USA, resp. dvou stovek nejmocnějších rodinných dynastií světa, které budou jako novodobé otroky ovládat zbylých sedm miliard obyvatel naší planety. Evropa má podle něj získat novou tvář, ať se to původnímu obyvatelstvu líbí nebo nelíbí, aby neohrožovala ekonomické a globální americké zájmy.

Dosažení cíle jediného státu má být podle Barnetta realizováno následujícími čtyřmi kroky :
1. krok: Neomezený proud imigrantů za účelem rozpadu usazených národů a zničení jejich kultur. Žádný stát nesmí bránit přílivu uprchlíků. Speciálně se má zdesateronásobit příliv uprchlíků do Evropy. Národně orientovaní politici musí být umlčeni a musí zmizet ze scény.
2. krok: Neomezený tok ropy, plynu a jiných surovin. Národy nesmí disponovat nerostným bohatstvím. Veškeré zdroje budou privatizovány a internacionalizovány.
3. krok: Ničím neomezené finanční toky do USA. Žádná vláda nesmí bránit svobodnému pohybu kapitálu a nesmí bránit odcházení zisků ze země. Státy se musí dostat do vzájemné závislosti, aby nemohly existovat samy o sobě. Státy, které se tomu budou bránit, budou nahrazeny loutkovými režimy. Nepřátelé této globalizace budou zničeni. Thomas Barnett suše konstatuje: "Kritiky zabijeme".
4. krok: Žádný stát se nesmí postavit proti tzv. mírovému nasazení americké armády - americké soukromé militaristické agentury nastoupí na regionální trhy. Úkolem amerických vlád je trvale udržovat tzv. válku proti terorismu a nikdy neopustit země, kam již jednou vkročila

noha amerického vojáka. Strategický cíl je dán jasně: zničení všech protivníků globalizace.

Zkráceně řečeno, Barnett předložil americké administrativě doktrínu, jejímž konečným cílem bude nivelizace všech zemí na Zemi. Toho má být dosaženo smíšením ras s cílem vytvořit světlehnědou rasu v Evropě. Za tímto účelem je Evropa povinna přijímat každý rok nejméně 1,5 milionu barevných nekompatibilních přistěhovalců. Výsledkem bude světlehnědé a mentálně retardované obyvatelstvo, aby evropské země už nikdy nevystupovaly jako američtí konkurenti. Tisíciletá evropská kultura bude definitivně zničena.

Pozoruhodný je i další cynický a výhružný Barnettův citát : *"Vzhledem k rychle stárnoucímu obyvatelstvu si Evropa již nemůže dovolit spoléhat na zahraniční pracovníky, ale bude muset následovat příkladu USA a otevřít stavidla ničím limitovanému imigračnímu proudu. Pravicově smýšlející a přistěhovalectví nepřátelští politici musí být umlčeni a zmizet ze scény, a to rychle!* "

Už pruský válečný stratég **Carl von Clausewitz** (1780-1831) popsal efektivní využití k boji mladých sexuálně frustrovaných chudých mužů jako nejlepších vojáků a budoucí potravu pro kanóny. Tímto fenoménem se tvůrce americké válečné doktríny multikulturalismu Thomas Barnett samozřejmě nemohl nezabývat. Proto také američtí, turečtí a saúdští verbíři a zástupci neziskových organizací, fondů, Sorosových nadací a agentur a jejich agenti operující na Blízkém východě a v Africe se zaměřují na tuto sociální skupinu jako na ideální objekty amerických světovládných cílů.

Jistě proto není náhodou, že mezi přicházejícími a připlouvajícími barevnými příživníky, cizopasníky, žoldáky a teroristy je prakticky téměř 100 % penetrace těmito sexuálně strádajícími mládenci. Ženy s dětmi tvoří jen obligátní nezbytný kompars, aby měla kolaborantská propaganda nad čím ronit slzy. Starci a stařeny mezi imigranty z výše uvedených důvodů zcela překvapivě absentují, byť by každý mravně uvažující člověk žádal, aby i oni byli logickou součástí davů uprchlíků před zuřícími (údajnými) válkami. Kde zůstali všichni muslimští starci a stařeny ? Ti podle prorežimní propagandy zřejmě už v oněch údajných válkách kompletně zahynuli, že ano ? Za bezprizorní nezletilé děti jsou potom euroamerickými scénáristy označování statní a dobře živení 20 až 30 letí mladíci. A nejlepší je, že nemalá část české populace americkým a bruselským pohádkám věří.

Sexuální důvody cíleně řízeného stěhování barevného obyvatelstva do Evropy za účelem plnění válečných politických zájmů vyplývají i z překvapivých souvislostí islámského učení s německým nacismem. Snad nejmarkantněji se blízký vztah obou totalitních ideologií ukazuje v otázce postavení žen ve společnosti. Obě despocie vnímají ženu výhradně jako plodnou matku v domácnosti, jejíž primární povinností je porodit diktátorovi hromadu bojovníků k prosazování jeho vojenských plánů. Nacistický zločinec Adolf Hitler ve své knize Mein Kampf požadoval, aby se *„německé ženy vrátily ke svému původnímu poslání matky a hospodyně. Smyslem jejich života je rodit silné a zdravé muže – bojovníky"*. Proto také bylo v nacistickém Německu důsledně propagováno rodičovství s mnoha dětmi.

Nacistická propaganda hlásala, že největší ctností německého muže je smrt na válečném poli a největší ctností německé ženy je smrt v šestinedělí po desátém dítěti.

Můžeme tedy tuto kapitolu uzavřít, že my Evropané jsme jednak přímými účastníky a jednak oběťmi důmyslného a předem perfektně připraveného záměru americké globální oligarchie s jasně danými cíli, kterými se jejich autoři už ani nijak zvlášť netají. Nejde pouze o známá jména jeho protagonistů Richarda Coudenhove-Kalergiho a Thomas Barnetta. Na porobení a zotročení Evropanů se podílejí také Allen Dulles, Peter Sutherland, George Friedman a mnoho dalších. Více se dozvíte v následující kapitole.

7. kapitola : <u>Multikulturní rasistický útok na Evropany je globální</u>

Coudenhove-Kalergiho ideologie a Barnettova doktrína jsou zcela prokazatelně dlouhodobě realizovány významnou částí evropských i světových politických představitelů. Nejen zmíněné udělování tzv. Evropské ceny Coudenhove-Kalergiho, nejen nečinnost rozhodujících národních i unijních představitelů při obraně tradičních západních křesťanských hodnot, nejen výzvy amerických parnerů a jejich činitelů k přijímání tzv. uprchlíků, nejen podivně náhle změněné názory papeže Františka rezignujícího na ochranu katolické církve, ale zejména **finanční souvislosti**.

Velmi signifikantní nepochybně je, že globální finanční oligarchie má pro Barnettův projekt a americkou doktrínu globalizace dostatek zdrojů všeho druhu, zejména finančních. I běžně dostupné důkazy dnes připouštějí obrovskou koncentraci kapitálu. Avšak je paradoxní, že v žebříčcích nejbohatších lidí Země, například podle časopisu Forbes, k našemu všeobecnému údivu nikdy nenajdeme jména těch skutečně nejbohatších – třeba osob **Rothschild** nebo **Rockefeller**, tedy protagonistů skupiny Louis Rothschild, Max Warburg a spol. Je třeba si uvědomit, že proti nim jsou těmito žebříčky předkládaní „superboháči" v podstatě úplní žebráci. Vezměme si třeba dynastii Rockefellerů. Jejich dávná naftařská společnost Standard Oil Company, kterou vlastní J. D. Rockefeller, musela být už v roce 1911 rozhodnutím americké vlády rozpuštěna s odůvodněním, že monopolizuje ropný průmysl. Nástupnickými společnostmi se staly takové globální veličiny jako Exxon, British Petroleum, Chevron a Conoco. Opravdu máme věřit tomu, že právní a rodinní následovníci Rockefellera jako jednoho z nejbohatších mužů světa a z nejúspěšnějších podnikatelů všech dob majetek svého předka během minulých desetiletí jen tak rozházeli a poztráceli, takže se dnes údajně nevejdou ani do první stovky nejbohatších lidí ?

Jednoznačnou odpověď na tuto otázku dává unikátní dokument, kterým je audit americké centrální banky FED z roku 2011. Z dostupných materiálů se dozvíme, že FED jen v letech 2007 – 2010 bez vědomí amerického Kongresu bezúročně rozdělil (přesněji řečeno rozdal) mezi vybrané banky a korporace neuvěřitelných 16 bilionů amerických dolarů ! To je více, než bylo zatím předmětem všech tzv. kvantitativních uvolňování prováděných různými státy jako reakce na hypoteční krizi v roce 2008. Podle jmen oněch příjemců zjistíme, že se jedná právě o ty bankovní skupiny, které se pojí s finančními oligarchy Rothschilda či Rockefellera a spol., a že tyto částky mnohonásobně převyšují majetky nejbohatších lidí světa v oficiálních žebříčcích.

Tyhle finanční skupiny a rodinné dynastie fakticky rozhodují o politice USA a nikoliv americkými voliči volená administrativa prezidenta USA : V New Yorku sídlící **Goldman Sachs, Rockefellers, Lehmans and Kuhn a Loebové**. V Paříži a Londýně to jsou **Rothschildové a Lazardové**, v Hamburku **Warburgové a Israel Moses Sieff** v Římě. Tato desítka faktických a reálných majitelů Spojených států amerických a jejich Evropské Unie ve skutečnosti stojí za americkou doktrínou multikulturalismu a globalizace s cílem zlikvidovat evropské státy a národy. Není třeba dlouhého přemýšlení, abychom bez pochybností zjistili, že se kompletně jedná o skupinu multimiliardářů židovského původu.

Také evropský bankovní sektor je nevysvětlitelně proimigrační. Např. rakouská banka **Erste Bank** zrušila bankovní účet opoziční nárorové iniciativě proti imigraci. Ostatně rakouský azylový sektor je zjevně ovládán Rothschildy prostřednictvím Barclays Bank.

Že v případě účelově naplánované zničující imigrace cizorodých etnik do Evropy nejde o nějaké mimořádné vybočení, ale o dlouhodobou strategii USA, dokládá americký diplomat a politik **Allen Welsh Dulles** (1893-1969), v letech 1953 až 1961 ředitel Ústřední zpravodajské služby (angl. Central Intelligence Agency, zkr. CIA), který už v roce 1945 předestřel americkou světovládnou strategii na příští desetiletí. Předložil strategickou globální doktrínu, aby Amerika nasadila všechny síly a veškerý materiální potenciál ve prospěch klamu a balamutění lidí, protože lidský mozek a vědomí jsou přístupné změnám, tudíž je třeba nenápadně změnit lidské hodnoty. Podle Dullesových slov USA vyhledají stejně smýšlející spojence všude na zemi, i ve státech východního bloku, aby krok za krokem rozehráli **grandiózní tragédii zániku těchto národů až do úplné a nezvratné likvidace jejich vědomí.** Z literatury a umění musí být odstraněna společenská podstata, podporovány nejodpornější lidské tendence a vyzdvihováni takzvaní umělci, kteří budou prosazovat sex, násilí, sadismus, zradu a další degeneraci. USA budou nenápadně vyvolávat zmatek a chaos. Slušnost a poctivost budou k smíchu. Sice jen pár lidí se v situaci zorientuje, ale ti budou postaveni do trapné pozice, zesměšněni, pomluveni a Američané z nich učiní společenský odpad. Dulles americkou administrativu vyzývá, aby se zasazovala o to, že **lidská společenství budou vytržena z jejich duchovních kořenů a morálka národů bude znevážena**. Takto bude Amerika narušovat pokolení za pokolením, přičemž se zaměří zejména na děti a mládež. Bude je rozvracet, bude je učit neřestem a tak postupně zdegradují. Vytvoří z nich cyniky, lidi bez ducha a kosmopolity. Jak kolem nás vidno, staré dávné plány USA na rozklad Evropy se podle této Dullesovy doktríny v současné době naprosto přesně realizují.

Zásadní slova svého ideového a politického předchůdce Allena Dullese potvrzuje i v šesté kapitole této knihy podrobně charakterizovaný americký multikulturní ideolog Thomas P. M. Barnett, když sjednocení Německa v roce 1871 považuje za první fázi globalizace a poválečné období po roce 1945 označuje za druhou fázi americké globalizace : *„Obě světové války za spolupůsobení sebezničujícího hospodářského nacionalismu 30. let zničily všechny dosavadní úspěchy, které již byly od roku 1870 na cestě k první globalizaci dosaženy. Po roce 1945 se USA rozhodly zřídit nový globální světový pořádek a kráčely proto k zavádění druhé globalizační fáze.“*

Nezapomínejme se také podívat za oceán do řad americké opozice, co tam lidé říkají, abychom poznali ideologickou a ekonomickou podstatu dějů odehrávaných nyní v Evropě. Dne 3. října 2014 se k oligarchii v USA vyjádřil i bývalý šéf úřadu Colin Powella, plukovník Lawrence Wilkerson. Vyslovil názor, že USA dnes ovládají oligarchové, kteří disponují obrovským jměním. To, co chtějí, je v podstatě bohatství a moc. Od 1. světové války vydělává malá skupina v USA obrovské peníze na válčení, což panu Wilkersonovi dnes dělá největší starosti, neboť oni mají zájem na konstantním válečném stavu, protože jsou v pozadí všech válčících stran a vydělávají tím obrovské peníze.

Masovou imigraci do Evropy dlouhodobě podporuje i dolarový multimiliardář a investiční magnát **George Soros** (vl. jm. György Schwartz, nar. 1930 v Budapešti). Podle jeho psychopaticky šílených výzev musí Evropané každoročně přijmout alespoň milion přistěhovalců, pro jejichž cíleně organizovaný příchod do Evropy založil na Středním východě a v Africe celou řadu nadací, fondů a neziskových organizací. Dokonce byl tak iniciativní, že drze stanovil evropským vládám i měsíční gáži ve výši 800 Euro, kterou musí každý imigrant bezpodmínečně dostávat. Že nejen v zemích východní Evropy, ale i v mnoha starých členských zemích EU, je nucena z této částky vystačit na celý měsíc většina vícečlenných rodin a že např. dělníci, státní úředníci, důchodci, nezaměstnaní, vdovy, invalidé, sirotci a další si o takových vysokých příjmech mohou nechat jenom zdát, je pro něj nepodstatné. Zásadní pro něj totiž je, aby se uprchlíkům v Evropě líbilo a neodcházeli zpět domů, čímž by americkou světovládnou fašistickou doktrínu multikulturalismu a globalizace paralyzovali.

George Soros (nar. 1930 v Budapešti)

David Rockefeller (nar. 1915 v New Yorku)

Nesmíme samozřejmě zapomenout ani na skupinu **Bilderberg**. Jde o elitářské sdružení těch nejmocnějších z nejmocnějších, kteří tahají za nitky světového systému, čímž jej zcela totalitárně a nedemokraticky ovlivňují v souladu se svými partikulárními zájmy. Tyto šedé eminence Nového světového řádu založily Bilderberg Group v roce 1954 v hotelu Bilderberg v Oosterbeeku u Arnhemu v Nizozemí. Do skupiny elitářů patří magnát David Rockefeller, rodina Rothschildů, Morganů, Fordů, nizozemská královna Beatrix a další představitelé průmyslu, bankovnictví, školství, vojenství, médií a politky. Setkání jsou uzavřená a média na ně nemají přístup. Bilderbergská skupina měla v prvopočátcích cca. 75 členů. Postupně se rozrůstala až na současných 130 členů, jak vyplývá z prezenčních listin a pozvánek získaných z jejich zasedání. Své cíle prosazuje skrze nastrčené politické loutky, které plní cíle této skupiny za příslib úspěchu a mocenských pozic.

Abychom nemuseli chodit někam daleko, ve dnech 5. až 8. června 2008 se setkání Bilderbergu v USA zúčastnil kníže **Karel Schwarzenberg**. V té době zastával funkci ministra zahraničí ČR a donedávna byl zcela jistě „čirou náhodou" šéfem významné politické strany TOP 09, která je ideou rozvratného multikulturaklismu doslova posedlá. Dalšími pozvanými účastníky setkání skupiny Bilderberg byli člen ODS **Alexandr Vondra**, politolog **Jiří Pehe**, bývalý ministr **Vladimír Dlouhý** a diplomaté **Michael Žantovský** a **Karel Kovanda**.

Cílem Bilderberg Group je uchvátit jimi zřízený planetární systém moci, ve kterém chtějí získat absolutní mocenské pozice v jednotlivých zemích, rozvrátit národní zájmy a skrze globální systém ovládnout celosvětové dění, zregulovat počet obyvatel na zemi a stát se těmi, kdo budou celosvětově určovat vývoj a celkovou geopolitickou situaci zde na Zemi. Mezi jejich plány patří vytvoření evropského superstátu, asijské unie a jako třetí pilíř k jejich plánům patří samozřejmě i monopolní moc USA, Kanadě a Mexiku. Pro pochybovače budiž k zamyšlení, že až do devadesátých let 20. století se o Bilderbergu téměř nevědělo a jeho utajení i ochrana byla a je podporována všemi významnými tajnými službami, CIA počínaje a GSG konče.

Místo zasedání skupiny Bilderberg v r. 2015

Velmi důležité bylo zasedání **Bilderbergu od 9. do 12. června 2016 v Drážďanech** v hotelu Taschenberg Kempinsky. Tato saská zemská metropole je známá jako kolébka spontánně vzniklého občanského protiimigračního hnutí PEGIDA (německy Patriotische Europäer gegen die Islamisierung des Abendlandes – Vlastenečtí Evropané proti islamizaci Západu). Toto hnutí spolu s již etablovanou Alternativou pro Německo (německy Alternative für Deutschland – AfD) jsou nejvýraznější německé opoziční síly proti vražednému americkému světovládnému plánu multi-kulti. Nejmocnější figury celé planety si pozvaly na 130 účastníků - vesměs šlo o na slovo poslouchající evropské zaběhnuté politické a ekonomické marionety. Jako bezskrupulózní čeledíni a děvečky vyslovili svou stálou oddanost svým bohům a v předklonech převzali z jejich rukou nové směrnice k výkonu své další služby. Cílený rozvrat Evropy vstoupil tak do další fáze, když se ukázalo, že na evropské špici je třeba přepřáhnout a unavenou kobylu a zprofanovanou tvář Angely Merkelové vyměnit za čerstvého tahouna. Svůj úkol destabilizovat a položit Německo na kolena splnila na výbornou, takže její přesun do čela Američany ovládané strategické Organizace spojených národů je na dobré cestě. Mouřenín svůj úkol splnil, mouřenín může jít. Lze říci, že šlo o jakýsi casting na rozhodující funkci spolkového kancléře jako novodobého evropského císaře.

Kdo si vysloužil čest se o toto místo ucházet ? Na ručně psaném abecedním seznamu se na nejvyšším místě ocitla kandidátka Ursula von der Leyen, křehká blondýnka z CDU na pozici ministra obrany, tedy velí Bundeswehru. Ale známe blondýnky a jejich inteligenci. Kousek pod ní byl napsán spolkový ministr vnitra Thomas de Maiziére z CDU, příslušník staleté francouzsko-pruské dynastie de Maziére, Angelin stářník a rodinný přítel. Ten bude jistě své šéfy přesvědčovat, že je „Ossi" z bývalé NDR a že jeho rodina si zavdala s totalitním režimem, tudíž je vydíratelný a ideálním kandidátem na amerického vazala. Spolkový prezident Gauck jako letitý správce archívů Stasi určitě s tím Bílému domu pomůže. Vzadu zůstal ministr financí SRN, sociální demokrat Wolfgang Schäuble, stižený tělesným handycapem a upoutaný na invalidním vozíku, který již zcela odhodil masku politika zvoleného německými občany a globalizační ideologii multi-kulti se nepokrytě až fanaticky poddal.

A zde se dostáváme ke stále častěji zlověstně znějícímu termínu **The New World Order** (zkr. NWO) – Nový světový řád, který by měl stát na výše jmenovaných třech pilířích – unii americko-kanadské, evropské a asijské. Komu se to zdá absurdní, tak by si měl uvědomit, že hosty na zasedáních skupiny Bilderberg bývají velmi často politické osobnosti, které pak „čirou náhodou" uspějí ve volbách.

Patřil mezi ně před svým zvolením například bývalý britský premiér **Tony Blair** (nar. 1953), který byl jedním z klíčových spojenců USA při invazi v Iráku odůvodňované veřejnosti údajným držením jaderných zbraní, které se – jaké to překvapení - nikdy nenašly. Mimochodem Irák patřil a stále patří do hledáčku Bilderbergu z důvodu zásob ropy jako klíčové světové suroviny.

Hostem setkání Bilderbergu byl také **Barack Obama** (nar. 1961 v Honolulu na Havaji), prezident USA v letech 2009 až do innaugurace nového prezidenta v lednu 2017, který stojí v čele realizace americké světovlády prostřednictvím rozvratu v Evropě ve spolupráci s najatou kancléřkou Angelou Merkelovou a dalšími evropskými vazaly.

Mezi známé postavy této skupiny patří i bývalý americký prezident v letech 2001 až 2009 **George Walker Bush** (nar. 1946), který mimo podpory invaze do Iráku v roce 2003 také podepsal mnoho zákonů omezujících svobody a práva občanů. Tento krok byl Bushem odůvodněn více než podezřelými událostmi kolem zřícení budov

Světového obchodního centra v New Yorku ze dne 11.9.2001, ale pravým důvodem bylo zahájení praktické realizace Nového světového řádu za účelem americké světovlády. Byla to ostatně právě smrt iráckého prezidenta Saddáma Husajna v roce 2006, která spustila sérii ozbrojených konfliktů na Blízkém východě, které jsou dodnes neustále uměle rozšiřovány, tudíž ke spokojenosti apologetů NWO generují požadovaný počet tzv. válečných uprchlíků putujících podle záměrů Barnettovy doktríny samozřejmě do Evropy a nikoliv k jejich nejblíže dosažitelným muslimským souvěrcům v sousedních zemích, jako jsou Saúdská Arábie, Libanon, Jordánsko, Turecko, Kuvajt, Írán, Spojené arabské emiráty.

Mezi další podporovatele Nového světového řádu a plánovaného vzniku amerického monopolu na světovládu patří samozřejmě i **Organizace spojených národů** sídlící v New Yorku. V britském parlamentu vystoupil v roce 2015 vysoký představitel OSN **Peter Sutherland** (nar. 1946 v Dublinu v Irsku). Sutherland je m.j. místopředsedou společnosti Goldman Sachs, předsedá Globálnímu fóru pro migraci a rozvoj. Čistě pro doplnění, abychom viděli, odkud vítr fouká, připomeňme, že Goldmanové a Sachsové patří k 10 nejvýznamějším euroamerickým dynastiím majícím absolutní nadvládu nad privátní americkou centrální bankou FED, aneb tiskárnou dolarů. V minulosti zastával posty generálního prokurátora Irska, evropského komisaře, předsedy ropného gigantu BP nebo generálního ředitele Světové obchodní organizace. Účastní se samozřejmě pravidelných setkání skupiny Bilderberg.

Peter Sutherland (nar. 1946)

Tento současný zvláštní zmocněnec OSN pro migraci horuje za to, že by Evropská unie měla rozbít „národní jednolitost" svých členských států a otevřít se migrantům z jiných kultur. Evropa a USA podle něj prý nemají pouze morální, nýbrž zákonnou povinnost chránit utečence. Vlády musí pochopil, že suverenita je pouhou iluzí, že pojem hranice je zastaralý. Prý stará slova a vzpomínky na vlastní zemi je nutné pohřbít a že my všichni jsme jedno lidstvo. Také on vnucuje Evropanům barevné přistěhovalce a hovoří a stejných milionech jako ostatní apologeti plutokratické světovlády pod vedením USA.

Jinak OSN prosazuje tuto rasistickou evropskou genocidu svým neustálým vybízení k přijímání miliónů uprchlíků, aby se údajně kompenzovala nízká porodnost v Evropě. Zpráva divize „Obyvatelstvo" OSN v New Yorku z ledna 2000 má název „Migrace k náhradě původního obyvatelstva: řešení pro stárnoucí a upadající populace". Podle této zprávy bude Evropa v roce 2025 údajně potřebovat 159 miliónů imigrantů. Ptáme se, jak je možné učinit tak přesný odhad jinak, než že imigrace byla připravována a studována „na papíře". Byť u porodnost v Evropě nejde o žádný globální problém, ale pouze o optimální nastavení penzijního systému, tak OSN falešně vytýkaná snížená porodnost by v Evropě mohla být snadno zvýšena motivačními opatřeními směřujícími k podpoře rodin. S ohledem na zavlékání nekompatibilních etnik je zcela jasné, že genofond Evropanů nebude ochráněn před odlišnou genetickou výbavu imigrantů a naopak se urychlí jeho zhloupnutí a vymizení. Je zcela očividné, že jediným faktickým cílem opatření OSN je zcela degradovat národy, přeměnit je na společnost lidí bez jakékoli etnické, historické a kulturní soudržnosti, aby byly lehce ovladatelné a manipulovatelné. Přesně tak, jak praví Coudehove-Kalergi a Barnett.

Americký politolog, prognostik a publicista **George Friedman** (nar. 1946 v židovské rodině v Budapešti) na tiskové konferenci institutu The Chicago Council on Global Affairs dne 4.2.2015, tedy pár dnů před osudovou návštěvou kancléřky Merkelové v USA, prohlásil : *„Hlavním zájmem USA, kvůli kterému jsme vždycky vedli války – v první i druhé světové válce a rovněž ve studené válce – byly vztahy mezi Ruskem a Německem. Protože pokud by se spojily, byly by jedinou mocností,* *která by nás mohla ohrozit. Náš hlavní zájem spočívá v tom, abychom zajistili, že taková situace nenastane."*

Gerge Friedman (nar. 1946)

Tato skutečně spontánně upřímná slova významného vojenského a politického amerického stratéga předznamenala také další vývoj v Evropě od jara roku 2015. Jinými slovy řečeno, aby nebyl v Evropě mír, tak v globálním zájmu USA muselo být přijato rozhodnutí o nejprve zničení Německa a poté i celé Evropy. Masová a řízená imigrace nekompatibilních kultur, etnik a náboženství se tak ukázala velice efektivní metodou, jak tohoto cíle dosáhnout.

Do globální mašinérie cílící na likvidaci evropských států a Evropanů se ochotně a s hloupým úsměvem zapojil i **vatikánský papež František** (nar. 1936 v Buenos Aires v Argentině). Až se zdá, že před svým zvolením římsko-katolickým papežem v roce 2013 slíbil globálním vládcům, že bude politiku multi-kulti a globalizace za účelem nastolení nového světového řádu všestranně podporovat. Nicméně neinformovaní věřící jsou šokováni z jeho posledních postojů nejen k muslimské imigraci v rámci multikulturalismu, ale také z podpory ideologií homosexualismu a klimatického šílenství. Tento multikulturní pomatenec se nestydí líbat nohy typickým ekonomickým vetřelcům a příživníkům pocházejícím z míst Třetího světa, kde se žádné války nevedou, tudíž se o žádné válečné uprchlíky potřebující naši podporu nejedná. Tato zásadní triáda rozvratných euroamerických ideologií je pevnou ideovou základnou americké plutokracie k všestrannému zničení evropské ekonomické a politické stability a tržní konkurenceschopnosti. Taté tato figura se zapíše do historie jako spoluviník negativních dopadů imigrace, jakými jsou sociální, ekonomické, národnostní, náboženské konflikty působící občanské války.

Nesmíme zapomenout ani na hlavní dokumenty Evropské unie, které plánovitý a dlouhodobý charakter zničující imigrace dosvědčují. Na prvním místě jmenujme **Lisabonskou smlouvu** o fungování EU účinnou od 1.12.2009, kde tzv. „společné řízení migračních toků, spravedlivé zacházení se státními příslušníky třetích zemí oprávněně pobývající v členských státech, jakož i předcházení nedovolenému přistěhovalectví a obchodu s lidmi a posílení boje proti těmto činnostem" je členským státům EU smluvně upraveno.

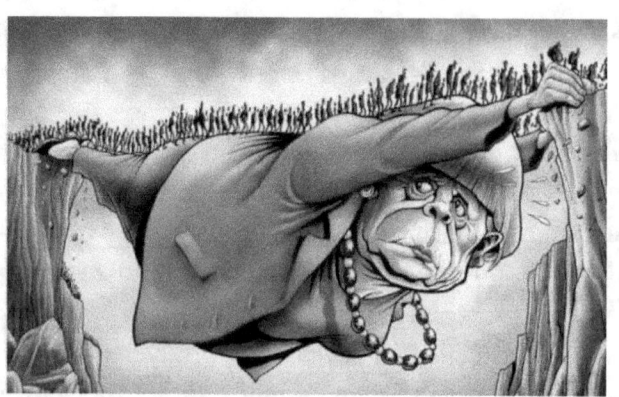

Karikatura pozice Angely Merkelové v rámci NWO

Již v listopadu 1995 vznikla ve španělské Barceloně dohoda o euro-středomořském partnerství (angl. Euro-Mediterranean Partnership) zvaná též jako tzv. Barcelonský proces nebo Unie pro Středomoří, zkráceně **EUROMED**. Podepsaly ji všechny tehdejší členské státy EU a dále Maroko, Alžírsko, Tunisko, Egypt, Jordánsko, Palestina, Sýrie, Libanon, Turecko a Izrael. Lisabonskou smlouvou její platnost přešla automaticky i na nové členy EU. Tento utajovaný projekt, kterým Evropská unie zahájila postupnou imigraci sjednaných 56 milionů severoafrických a blízkovýchodních muslimů, nicméně dnes se hovoří až o 100 milionech přistěhovalců, vznikal nedemokraticky s vyloučením veřejnosti pouze v byrokratických útrobách EU. V hlavních evropských médiích se tento zákeřný projekt poprvé objevil až 11. října 2008 ve zprávě britského deníku The Daily Express. Projekt EUROMED je nadále před občany utajován a novináři, kteří se na něj dotazují, jsou zesměšňováni nebo nejsou zváni na oficiální vládní akce. Ti, kteří na rizika spojená s projektem EUROMED pravidelně upozorňují, jsou nazýváni xenofoby a rasisty.

Eurorealista se netají tím, že není příznivcem ani Evropské unie, ani OSN, ani NATO. Existují stovky racionálních důvodů a důkazů, že všechny tyto nadnárodní organizace jsou hlavy téže stohlavé saně. O takového prastarého pohádkového draka toužícího vládnout světu, zotročovat obyčejné lidi, plodit dobyvačné války. Ale v tomto případě bohužel nejde o nějakou dětskou pohádku Boženy Němcové nebo bratří Grimmů, ale o neúprosně tvrdou realitu dnešního života. Jde o odporné obludy, které v naší historické epoše předstírají tzv. lidskou tvář, demokratickou legitimitu a touhu páchat dobro, avšak ve skutečnosti jsou tyto nadnárodní instituce autentickým smrtelným nebezpečím státům a národům Evropy i celého světa.

Nizozemský diplomat a sociální demokrat **Franciscus Cornelis Gerardus Maria Timmermans** (nar. 1961 v Maastrichtu), od listopadu 2014 vykonávající v Junckerově evropské komisi funkci eurokomisaře pro lepší prosazování práva, meziinstitucionální vztahy, právní stát a základní právní chartu, vyzval svým projevem na jaře roku 2015 členy Evropského parlamentu, aby vykonali pro zánik monokulturních evropských států všechno možné. Timmermans vyzývá k likvidaci společností, které existují na svých historických územích jako jednotná a silná národní etnika. Tento multikulturní šílenec hlásá absurditu, že budoucnost lidstva již více nespočívá na jednotlivých národech a jejich kulturách, ale na nové, promíchané a jednotné superkultuře. Zároveň kritizuje vlastenecky a tradicionalisticky smýšlející občany, kterých je naprostá většina a kteří se řídí pouze vlastními národními tradicemi. Podle něj minulost už nemá v dnešním světě žádnou hodnotu, a proto konzervativně a vlastenecky smýšlející občané už nemohou a nesmějí rozhodovat o budoucnosti.

Frans Timmermans, zjevný psychopat obdařený politickou mocí

Je evidentní, že tento z řetězu utržený rasista odhazuje všechny základní principy demokracie a hlásí se k zavedení fašistické totalitní diktatury. Podle jeho zcestného uvažování současná evropská kultura byla a je pouhým sociálním konstruktem. Kdo to nechce akceptovat, ten prý nechce v Evropě mír. Masová migrace uprchlíků do Evropy zahrnující převážně muslimské obyvatelstvo je podle tohoto psychicky vyšinutého jedince optimálním prostředkem, aby evropské národy co možná nejdříve zanikly, proto žádný stát se rasovému míšení nesmí bránit, ale smí tento trend pouze podporovat. Státy EU mají dělat vše pro to, aby narůstající masy migrantů obsahovaly i ty nejvzdálenější kouty planety, aby tím co nejrychleji vznikly pouze homogenní společnosti.

V neposlední řadě mezi účinné nástroje americké globalizační politiky patří tzv. **Islámský stát v Sýrii a Levantě** (ISIS, resp. ISIL). Tato teroristická organizace svou bojovou činností a perzekucí i civilního obyvatelstva uměle a plánovitě generuje na Blízkém východě a v přilehlých regionech statisíce válečných uprchlíků. Turecký novinář

Mehmet Akhul přinesl počátkem roku 2016 autentické svědectví o těchto plánech a jejich realizaci přímo z centra bojů takzvaného Islámského státu z oblasti střední Sýrie. Rok a půl tam působil pod jménem Mohamed Akhe jako bojovník tzv. Islámského státu, resp. kalifátu, který označuje jako podvod řízený zahraniční tajnou službou. Ve vedení ISIS jsou lidé vycvičení v zahraničí a někteří dokonce i takoví, kteří byli dříve zatčeni americkými vojsky v Iráku a později propuštěni. Jejich identita je poměrně málo známá a těžko zjistitelná. Uprchlická krize je podle Akhula organizovanou válkou připravovanou ISIS na transport islámských teroristů do Evropy. Všechny akce s dětmi a ženami jsou zastírací manévr, který má uklidnit veřejné mínění v Evropě a zvednout vlnu solidarity. Cílem mají být samozřejmě nejvyspělejší ekonomiky EU.

Bojovníci Islámského státu

Bojovníci ISIS mezi sebou komunikují prostřednictvím mobilních GSM telefonů v síti Spojených Arabských Emirátů dubajského operátora Etisalat, jejichž provoz mají předplacený přímo z ISIS. Tím je také vyřešena záhada, jak mohli zjevně chudí a nemajetní uprchlíci komunikovat celé týdny mezi sebou moderními smartphony a dalšími telekomunikačními přístroji v roamingovém režimu, přičemž neměli údajně na nic peníze. Příkazy dostávají bojovníci prostřednictvím velitelů skupin, které tvoří převážně obyvatelé Sýrie a Iráku. Jedna skupina je zpravidla vedena a řízena třemi muži, proto se takzvaní uprchlíci domáhali sami rozhodovat, kde budou umístěni. Mobilními telefony také dostávají cestou po Evropě kódy, aby si mohli v pobočkách Western Union vyzvedávat hotové peníze. Jejich taktika spočívá v zahájení guerillové války v Evropě, což je v podstatě partyzánský způsob boje, a to narušováním veřejného pořádku, infiltrací domácího obyvatelstva a kontaktem s již stávajícími teroristickými skupinami v EU. Tak zvaní uprchlíci z válečných oblastí jsou tedy ve skutečnosti bojovníci ISIS, maskovaní rodinami a dětmi, kteří navazují kontakty s již existujícími strukturami, které v Evropě již působí. Podle svědectví Akhula je v Evropě odhadem více než 450 tisíc bojovníků ISIS, z nichž je přibližně 80 % aktivních. Ostatní se skrývají, nebo jsou mimo kontrolu velitelů ISIS. O tom všem evropští zrádci jako Merkelová, Hollande, Junckers a další představitelé samozřejmě dobře vědí, ale účelově mlčí.

Informaci jmenovaného tureckého novináře potvrzuje i tajná zpráva Ministerstva obrany USA sídlícího ve známé washingtonské budově Pentagon, podle níž Islámský stát účelově vytvořily USA jako nástroj na svržení syrského prezidenta Bashara Assada. Dokument vlády USA, který obdržela právnická kancelář Judicial Watch, prokazuje, že vlády západních zemí se cíleně spojily s Al-Káidou a dalšími islamistickými extrémistickými skupinami, aby fyzickým odstraněním prezidenta Assada syrský režim změnily. Tato teroristická skupina krutě popravuje křesťany a svobodně smýšlející lidi na teritoriu Sýrie a Iráku a je finančně a vojensky podporována americkým spojencem v regionu Saudskou Arábií. Už se již stalo pravidlem, že za každým válečným konfliktem posledních desetiletí stojí právě USA.

Závěrem této kapitoly učiňme avízo informace ke čtení další části knihy, která je více než šokující. Na základě různých nepřímých důkazů a poznámek ve skupině Bilderberg zapojených vědců i odborných pracovníků prosakují zprávy, že mezi nástroje pro nastolení NWO s cílem plošného snížení lidské populace patří i nejrůznější **biologické zbraně**. Některé z neuvěřitelných indicií a důkazů o těchto projevech evidentní kriminální genocidy konkrétních činitelů naleznou čtenáři ve 12. kapitole.

8. kapitola : Proč je první obětí multikulturalismu a globalizace zrovna Evropa ?

Položme si přiléhavě se nabízející otázku, proč se architekti totalitního Nového světového řádu a naši budoucí samozvaní a nikým nevolení světovládci zaměřují zrovna na Evropany ? Proč ne třeba na Afričany, Asiaty, Jihoameričany nebo Severoameričany ? Proč si naši američtí protektoři vybrali zrovna evropskou civilizaci ? Počátek odpovědi nalezneme pomocí náhledu do statistiky a historie. Nejprve do statistiky : Podle studie **Credit Suisse Global Wealth Report** z roku 2013 vlastní dvě sta nejbohatších jednotlivců větší majetek, než 3,5 miliardy nejchudších lidí. A nyní do historie. V roce 1970 vznikl tak zvaný **Římský klub**, který se stal fórem světové ekonomických a politických elitářů, takových nikým neustavených a neformálních majitelů Zeměkoule. Pozornost na sebe upoutal několika publikacemi jako například Meze růstu (angl. The Limits to Growth, 1972). V této studii zazněla poprvé myšlenka, že je třeba zastavit hospodářský růst a že svět stojí před vyčerpáním přírodních zdrojů. Známá je jejich teze, že demokracie už nestačí na řešení úkolů, které jsou před námi.

Ale oněch dvě sta na věky věků zajištěných vesměs amerických dynastií přemýšlí dále. Jak to zaonačit, abychom se měli jako boháči nejlépe jenom my a ne těch 7 miliard obtěžujících chudáků a příslušníků lůzy odsouzených k zániku ? Nabízí se řešení – snížit počet obyvatel na Zemi. Ale jak ? Světovou válkou, lokálními válkami, epidemiemi, radioaktivním zářením ? Každé z uvedených řešení má závažné nevýhody, které mohou postihnout i těch 200 vyvolených a jejich rodinné přísloušníky, přátele a známé. Je třeba na to jít jinak.

Mít ideologii a drobnou prací krok za krokem ji uvádět do života. Ideologii už vyvolené globální elity mají, je jí rasistický Kalergiho plán a prováděcí Barnettova doktrína, kteréžto zločinecké ideologie byly čtenářům již představeny. Jsou založeny na rozvratu národních a regionálních kultur, křížení nekompatibilních ras, oslabení soudržnosti a solidarity obyvatelstva, likvidaci národů a jejich států, snižování jejich ekonomického potenciálu, na lokálních konfliktech a občanských válkách. Pochopitelně na co největším území a pak časem může dojít i na to vraždění uměle zanesenými epidemiemi a smrtí ozářením. Ale kardinální řečnická otázka zní, ve které části světa s genocidou lidstva za účelem depopulace tedy začít ? Která část světové populace představuje pro oněch 200 oligarchů a jejich rodin nebezpečí největší ?

Logicky mnohé napadá, že ta část světa, kde se obyvatelstvo rozmnožuje nejrychleji, jakou je Afrika. Ale kdepak, velký omyl. Je totiž potřeba vzít v úvahu i jiné hrozby než jen demografický růst, které však majitele planety Země trápí stejně silně. A navíc ta africká nevzdělanost, nekulturnost a zaostalost, to přece nemůže být žádnou hrozbou, ale nanejvýš důvodem ke schovívavému pousmání, tudíž žádný problém pro vyvolené planetární oligarchy. Pochopitelně si kromě toho americká a evropská bankovní a zbrojní oligarchie nenechá vyschnout příliv dolarů v důsledku soustavných ozbrojených konfliktů na teritoriu afrického kontinentu.

Že by tím nejstrašnějším nebezpečím jim byla populace vyznávající islám ? Známe všichni zdivočelé hordy náboženských fanatiků, rigidní ranně středověký řád svazující veškerý civilní život, letitá krvavá řevnivost šíitů a sunnitů. I tady to není trefa do černého, s islámem je tomu přesně naopak. Rigidní a submisivní strnulost věčného kamenného řádu produkující úpadek a stagnaci u budoucích novodobých otroků rozhodně nevadí, ale je naopak předností. Podle starého římského hesla „Rozděl a panuj" je vedle toho šíitsko-sunnitské válčení přímo žádoucí. Navíc islám nikdy nic převratného nevytvořil a nevymyslel. Například počet nositelů Nobelových cen u lidí z tohoto civilizačního okruhu se dlouhodobě blíží k nule.

Nebo že by tím smrtelným nebezpečím vyvolených elit byla více než miliardová Čína ? Podnikaví, skromní, chytří lidé ze sebevědomé tisícileté Říše středu. Lidé tvořiví, houževnatí a expandující. Pokud se však na tuto otázku podíváme z jiného úhlu pohledu, nejsou tyto vlastnosti naopak ideální k existenci kvalifikované obsluhy složitějších pracovních systémů ? Navíc nezapomínejme na tu jejich úžasnou tradici – ke svému vládci byli a jsou postaveni vždy v předklonu. Čínský nebo indický mocipán je přese dosazen z laskavé boží vůle.

Takovými hledisky bychom mohli projít jeden civilizační kulturní okruh za druhým, až skončíme v naší staré **Evropě** včetně Ruska. Čím se evropský kulturní okruh od ostatních tak zásadně liší, že představuje akutní hrozbu pro samozvanou světovou vládu pod vedením Američanů ? Je tomu tak následkem dvou zásadních vlastností. Za prvé respektováním svobody jednotlivce a za druhé dlouhodobým historickým trendem neúcty k světským i evropským autoritám. A to jsou zásadní lidské vlastnosti, které by bez pochybností jakoukoliv světovou vládu neuznávaly a dost možná i časem svrhly.

Žádná jiná ze všech světových civilizací nemá tak dlouhou, pestrou a bohatou tradici převratů, revolt, vzpour, revolucí, lidových povstání, tedy násilných a velice často úspěšných útoků prostých lidí vůči vrchnosti, jakou má ta naše civilizace evropská. Spartakovo povstání před dvěma tisíciletími, Wat Tyler v Anglii, husitství v Čechách, nespočet selských vzpour, povstání Oliviera Cromwella, Velká francouzská revoluce, ruská bolševická revoluce, kdy neustále dochází v Evropě k násilným aktům, které svrhávají stávající pořádek a nastolují nové politické uspořádání spojené zpravidla s výraznou výměnou elit. A to je velice nebezpečné, proto Evropa je první na řadě v likvidaci její kultury, národní struktury a státnosti.

Je tomu skutečně tak, naše bílá, vzdělaná, pracující, anticko-židovsko-křesťanská evropská civilizace je bezprecedentně nejúspěšnější, nejtvořivější a nejproduktivnější v celých dějinách lidstva. Ale současně je také vzpurná, odbojná a produkuje nadměrné množství samostatně uvažujících a obtížně ovladatelných lidí. Tedy hrdých lidí a sebevědomých občanů nevzdávajících se svých práv a nezříkajících se svých povinností. Ano, jako otroci a podlidé jsme my Evropané pro americkou světovládu a její pomahače naprosto nepoužitelní a nebezpeční. **Proto jsme podle rasistické americké doktríny prvními na řadě.**

Položme si závěrem této kapitoly otázku, jak ke zvrácené myšlence této evropské genocidy mohlo dojít ? Multimiliardáři prostě podvědomě cítí svůj přicházející konec. Jak se říká, chcípající kobyla nejvíce kope. Zoufale se tedy snaží použít své peníze k prodloužení svého panství nad světem, a to jakýmkoli způsobem. Nepřímým ale jasným důkazem je to, co se v posledních letech děje a jak se to stupňuje. Absurdita, která je kolem nás, svědčí o velkém strachu těch nejmocnějších, kteří z něho už přišli o rozum a cit. Jsou to velemonstra – žraví, nabubřelí a tupí mnohohlaví draci tak, jak je známe z pohádek.

Ještě jednou se zamysleme nad zdrcujícím údajem, že pouhých 200 nejbohatších miliardářů vlastní větší majetek než 3,5 miliardy nejchudších lidí, což obnáší polovinu veškerého lidstva na Zemi. Technologii moci ovládají znamenitě a mají k tomu prakticky neomezené prostředky, nástroje a armádu výkonných poskoků : armády, policii, tajné služby, soudy, politiky, finanční instituce, média, školy, nadnárodní instituce EU, NATO, jsou majiteli USA a dalších zemí. Vše na tomto světě dnes záleží na tom, co chtějí oni. Pokud se rozhodnou a začnou realizovat záměr, aby svět zešílel, tak ano a svět bude opravdu šílený.

My obyčejní lidé dole je nevidíme, protože oni stojí v zamlženém pozadí. Vidíme a slyšíme pouze politiky v rolích jejich hlavní slouhů, poskoků a převodových pák jejich rozhodnutí na celou lidskou společnost. Prodejní politici jsou těmi osobami, které si oni vybírají. Nám sugerují, že jsme si je zvolili my. K takové sugesci postačí peníze a jejich promyšlené přerozdělení – technicky to není žádný problém. Stačí zaplatit si loajalitu bohatých. Chudí i ti běžní smrtelníci, kteří nemají peníze a tudíž ani žádnou moc, jsou bezvýznamní, i kdyby měli tisickrát tu svoji pravdu – ta je v dnešním světě k ničemu.

Evropa je pro zaoceánské bankovní a zbrojní magnáty a jejich evropské vazaly pod vedením Angely Merkelové velikou hrozbou – kulturní a vzdělaný kontinent poučený historií. Z ní vzešlo ve prospěch světa a polidštění člověka mnoho dobrého. Není žádoucí, aby v tom Evropa pokračovala, proto je nutno její dějinnou misi přerušit a ukončit, má-li americká plutokracie v klidu přežít a udržet své panství nad světem. Z chytrých, humánních a kulturních Evropanů prostě udělají stupidní, světlehnědou a podřadnou rasu. Jak to provedou ? To přece umíme! Použijeme pro naše dílo všechny prostředky, které máme k dispozici - masově, kobercově, profesionálně.

Ještě selfíčko s Mutti Merkel a rychle pro sociální dávky

Hlavně se nesmí zapomenout na patřičné ohlupování milionů lidí – lež, farizejství a přetvářka jsou přece jejich osvědčení spojenci. Všechny budou korumpovat, ale současně budou vyzývat k boji proti korupci. Budeme mluvit o vzdělání, ale udělají vše pro to, aby Evropané nic nevěděli o své historii, neznali matematiku, praktický zeměpis. Vrcholem vzdělání bude znalost angličtiny. Pseudokulturním brakem, zbožněním peněz a sexu nechají otupit evropskou praktickou představivost, poetiku, sny o štěstí a kreativitu. Atd. atd. A nakonec Evropany promísí s lidmi ze Středního východu a Afriky ohloupenými středověkými náboženskými dogmaty a zdegenerovanými příbuzenským plozením. Tím si připraví Evropu jako výchozí základnu a nástupiště pro zničení jejich největších nepřátel – Ruska a Číny.

A co bude za pár desítek let, až se americké plutokracii podaří ďábelský plán Nového světového řádu splnit ? Na to, co bude po zničení evropských států a národů, už mají pánové z FEDu, NWO a Bilderbergu taky konkrétní plány. Začnou snižovat počet lidí na Zemi. Mají spočítáno, že 500 milionů bezprizorních multikulturních otroků jim k obsluze jejich životů v luxusu a jejich celoplanetárního majetku bohatě stačí. Dnes tedy můžeme naším odporem proti euroamerické fašistické totalitě zachránit likvidaci nás a našich dětí a vnuků. **Nejsou nakonec v tomto boji za naši svobodu Rusko a Čína paradoxně našimi nejbližšími spojenci ?**

9. kapitola : <u>Islám, muslim, Alláh, korán, sunna, šaría, takíja, džihád</u>

Multikulturní a globalizační světovládná doktrína formulovaná Thomasem Barnettem a jeho stoupenci počítá s jedním velice důležitým rozvratným a ovládacím prvkem. Aby destrukce evropské civilizace mohla úspěšně pokračovat, je nezbytně nutné původní evropské obyvatelstvo oddělit od jeho historických kořenů a křesťanských tradic a vnutit mu cizorodý a nekompatibilní islám a muslimské vzorce chování, protože obsahuje žádoucí prvek podřízenosti a otroctví.

Všichni zastánci islámského náboženství nás budou přesvědčovat, že to vše špatné o něm je jen vytrženo z kontextu, budou nám citovat mnoho líbezných veršů z koránu o pomoci, rovnosti a spravedlnosti. Tvrdou realitou nicméně zůstává, že vše se týká výlučně vztahů muslima k muslimovi. Nikoli vztahů muslimů ke káfirům, kterými jsme my všichni evropští nemuslimové. Muslimská úprava vztahů k nám Evropanům platí v islámu výrazně odlišná a bezprecedentně úděsná.

Starodávná Bible muslimů - korán

Bylo by hrubou chybou se však domnívat, že **korán** je jakousi biblí islámu. Vůbec ne ! Korán tvoří pouhých 14 procent psané islámské ideologie. Zbývajících 86 procent tvoří tzv. **sunna** a tato je ještě dále dělená. Popisuje slova a činy proroka jako dokonalého člověka, jeho chování k muslimům i nemuslimům. Každý muslim je povinen jeho slova následovat. Neexistuje absolutně žádná jiná alternativa, vše bylo všem muslimům jednou provždy dáno. Vedle toho exeistuje právní výklad islámu, tzv. **šaría**, která vychází z koránu a sunny. Více než polovina z 1.200 stran knihy „Opora cestovatele" sepsané ve 14. století a uznané nejvýznamnějšími muslimskými teoretiky dneška stanovuje pravidla chování ke káfirům.

Podle koránu **džihád** zahrnuje čtyři základní činnosti pro šíření islámu : 1. *Džihád srdcem (al-džihád bi´l-kalb)* – Přemáhání hříchu, projevy zbožnosti, 2. *Džihád jazykem (al-džihád bi´l-lisán)* – Podpora a šíření misijní činnosti islámu, 3. *Džihád mečem (al-džihád bi´l-sajf)* – Vedení válek za obranu islámu, 4. *Džihád rukou (al-džihád bi´l-jad)* – Pomoc potřebným, charitativní činnost.

Obsahem vztahu muslima k jiným věřícím a bezvěrcům jsou neobyčejně krutá pravidla plná krve, mrtvol a násilí. V případě účelu nastupuje dualismus – **takíja**, tedy povinná obranná přetvářka. Muslim může podle zákona káfirovi lhát o čemkoli, až se budou hory zelenat. Náboženský islám je důležitým doplňkem islámu politickému jako doktríny složené z koránu, sunny a šaríi, jejímž cílem je úplné ovládnutí světa. Proto také si islám nalezl u autorů americké světovládné doktríny také zalíbení.

Islámští sebevražední atentátníci při výcviku

Že nejde o žádná jalová, bezobsažná a jen do větru vypuštěná slova, potvrzuje pan J. K. (nar. 1955) pocházející ze střední Evropy, který dvanáct let pracoval na Středním východě jako obchodní zástupce jedné výrobní společnosti. Jeho celé jméno z důvodu jeho bezpečnosti není možné samozřejmě publikovat. Pobýval postupně v Jemenu, Egyptě, Jordánsku a v Íránu. V letech 2000 až 2004 byl dokonce diplomatem (Chargé d´Affaires) v Teheránu. Po ukončení diplomatické mise v Íránu tam ještě tři roky podnikal a pak se vrátil domů.

Pan J. K. důrazně upozorňuje a varuje, abychom si uvědomili, že podle koránu jsme my křesťanští nebo nevěřící Evropané pro každého muslima, i toho nejumírněnějšího, pouze jejich služebníci. Cokoliv pro ně uděláme, cokoliv jim dáme, je z jejich strany považováno a chápáno nikoliv jako pomoc bližnímu člověku, ale za zcela normální povinnost otroka vůči svému pánu. Dále jmenovaný píše, že náš soucit a milosrdenství vůči muslimům jsou jimi interpretovány jako výraz ponížení, podřízenosti a přiznání nadřazenosti muslimů. Čím lépe a více jim budeme sloužit, tím více jich bude chtít do Evropy přijet a užít si svých otroků a otrokyň. Muslimové jsou odmalička koránem vychováváni tak, aby za všechno byli vděční pouze Alláhovi. Tak je to učí a nebude to nikdy jinak. Muslimové, kteří již v Evropě jsou, jsou denně utvrzováni, že to, co jim bylo prostřednictvím koránu vtlučeno do hlav, se potvrzuje a zhmotňuje, že si mohou dělat skutečně, co se jim zlíbí. Celá tato evropská tragédie má vyústit utvořením Evropského Kalifátu a zánikem původní Evropy. Čemu se po staletí snažili panovníci evropských zemí zabránit, a to i za cenu statisíců životů zmařených ve válkách proti islamizaci Evropy, pozvolna přichází. Zcela vědomě, vykalkulováno a podporováno vazalskými vládami zemí EU. Americký plán likvidace evropských států a národů nezadržitelně pokračuje.

Prostě obecně řečeno, náboženské chování a genetická výbava obyvatelstva muslimského světa jsou ideálním vkladem do Barnettovy doktríny k totálnímu ovládnutí rozložené Evropy. Dánský psycholog **Dr. Nicolai Sennels** prováděl rozsáhlý výzkum genetiky obyvatel muslimského světa. Zjistil, že následkem manželství uzavřených mezi příbuzensky blízkými osobami je téměř polovina všech muslimů na světě inbridní. Masivní **inbreeding** (t.j. generace zrozené z rodičů blízce příbuzných) v muslimské kultuře mohl snadno způsobit prakticky nevratné poškození muslimského genofondu, včetně rozsáhlé škody na jejich inteligenci, duševním i tělesném zdraví. Tato praxe je v křesťanském světě pochopitelně zakázána, ale mezi muslimy probíhá od vzniku islámu již 1400 let, tedy zhruba padesát generací. V důsledku inbreedingu se genová variabilita potomstva snižuje, což znamená snížení adaptační schopnosti celé populace. Potomstvo potom trpí různými genetickými onemocněními, jakými jsou např. Tay-Sachsův syndrom, autosomální recesivní porucha, cystická fibróza a spinální muskulární atrofie. K dalším negativním důsledkům příbuzenského plození patří dvojnásobné riziko mrtvě narozených dětí a o 50 % větší možnost, že dítě při porodu zemře.

V Pákistánu se inbreeding blíží k 70 %, přičemž i v Anglii více než polovina pákistánských přistěhovalců trpí tímto projevem. I když Pákistánci mají pouze tříprocentní podíl na dětech narozených ve Velké Británii, přesto celých 33 % jejich dětí má vrozené genetické vady. V Dánsku je počet inbridních pákistánských imigrantů kolem 40 %. Šokující výsledky inbreedingu nalézáme i v dalších významných muslimských zemích: 67 % v Saúdské Arábii, 64 % v Jordánsku a Kuvajtu, 63 % v Súdánu, 60 % v Iráku a 54 % ve Spojených arabských emirátech a Kataru.

Dalším zničujícím následkem muslimských příbuzenských manželství je **snížená intelektuální kapacita**. Výzkumná práce Dr. Sennelse ukazuje, že děti z příbuzenských manželství ztrácejí 10 až 16 bodů z jejich inteligenčního kvocientu (IQ) a že sociální schopnosti se u nich vyvíjejí mnohem pomaleji. Riziko dosažení IQ nižšího než 70, což znamená retardac na hranici pásma imbecility, se u dětí z těchto manželství zvyšuje o neskutečných 400 %. Mimoevropští přistěhovalci mají v Dánsku o více než 300 % vyšší pravděpodobnost m.j. neúspěchu v testu inteligence požadovaného pro vstup do dánské armády.

Muslimské děti jsou v Dánsku nadměrně zastoupeny v požadavcích na speciální péči. Jedna třetina rozpočtu určeného na dánské školství je spotřebována požadavky na speciální vzdělávání, přičemž např. v Kodani 51 až 70 % dětí s tělesným postižením jsou děti imigrantů. Sennelsova studie rovněž ukázala, že 64 % dětí školního věku arabských rodičů je i po 10 letech v dánském vzdělávacím systému stále negramotných. Mezi muslimy široce rozšířená tradice příbuzných sňatků závažně poškodila jejich genofond. Pokud by muslimové praktikovali sňatky s nemuslimy, škody na jejich genofondu by nebyly tak obrovské, ale to muslimská náboženská víra zakazuje.

V Evropě je průměrný IQ cca 100, např. Švédsko a Německo 99, Rakousko 100, Slovensko 96. Oproti tomu některé země Afriky se pohybují v úrovních, které již hodnotíme lékařskými odbornými termíny jako mentální retardace - Rovníková Guinea 59, Gabon a Kamerun 64, Somálsko 68, Etiopie 69.

Dr. Sennels rovněž uvádí, že schopnost využívat znalosti a abstraktní myšlení je v islámském světě prokazatelně nižší. To odpovídá i skutečnosti, protože více než miliardový arabský svět překládá ročně jen 330 knih, což odpovídá pětině překladů vydávaných v 10 milionovém Řecku. Sedm z desti Turků nikdy nečetlo nějakou knihu. Pouze devět muslimů získalo Nobelovu cenu, přičemž pět z toho byla Nobelova cenu míru. Nižší IQ spolu s rigidním náboženstvím, které samostatné kritické myšlení odsuzuje, vytváří muslimům téměř nepřekonatelné překážky k úspěchu v západní společnosti. Jak Dr. Sennels poukazuje, první a největší obětí islámu jsou sami muslimové.

V této souvislosti rakouský deník **Kronen Zeitung** ze dne 30.3.2016 sarkasticky poznamenaly, že uprchlíci asi těžko budou přispívat do společné pokladny, jak je šířeno vládní multikulturní propagandou, neboť ke studiu vyššího vzdělání se přihlásilo pouze 0,09 % všech žadatelů o azyl, kteří do Rakouska od léta 2015 přišli. Podle úředních dat se jedná o 111.026 uprchlíků, z toho 88.151 žadatelů o azyl a 22.875 uprchlíků s přiznaným azylem. Z tohoto počtu pouhých 100 lidí zahájilo studium na vysoké škole. Dané noviny jízlivě připomenuly vládní propagandu mainstreamových sdělovacích prostředků, jimž byli rakouští občané dlouhé měsíce přesvědčováni, že ze Sýrie, Afghánistánu a Iráku přicházejí údajní „vysoce kvalifikovaní uprchlíci".

Internetový portál **New Observer** k tomu ještě podotknul, že statistická data jasně signalizují, že prakticky všichni ze 111.026 v Rakousku oficiálně registrovaných neevropských přistěhovalců žijí z veřejných peněz namísto toho, aby je pomáhali obstarávat. Není nejmenší důvod se domnívat, že by se situace v ostatních evropských zemích nějak lišila. Namísto ekonomického prospěchu invaze barevných přistěhovalců ve skutečnosti jen urychlí rozklad evropských sociálních států. Tím se americká doktrína multikulturalismu projeví jako ideální beranidlo ke zničení Evropy.

Švýcarská vláda po interpelaci poslance ze strany SVP Petera Kellera poprvé zveřejnila čísla k sociální integraci pracovně schopných azylantů s povolením k pobytu, kteří se nacházejí až 7 let ve Švýcarsku. Sociální dávky pobírá z nich - rozčleněno podle země původu - následující procentní počet : Eritrea 91 %, Turecko 89 %, Sýrie 87 %, Irán 84 %, Srí Lanka 75 %.

Slavný francouzský básník a spisovatel **Voltaire** (vl. jm. François Marie Arouet, 1694-1778) před téměř 300 lety o posvátné knize všech muslimů - koránu napsal toto : *"Korán je nestravitelná kniha, jejíž každá stránka otřásá zdravým lidským rozumem. Učí strachu, nenávisti a pohrdání druhými. Vražda je v něm legitimní prostředek šíření a udržování této ďábelské doktríny. Zneuvažuje ženy, rozděluje lidi do tříd a žádá krev a ještě víc krve."* Jistě jsou na místě obavy, aby se tento evropský klasik nestal přičiněním fašistických Američanů zakázaným autorem, podobně jak činili nacisté.

Zakladatel a dlouholetý prezident Turecka Mustafa Kemal Pascha Atatürk o islámu prohlásil : *„Víc jak pět století vládnou v Turecku pravidla a teorie starého arabského šejka a nesmyslná nařízení, z generace na generaci vždy v ještě horší podobě předávané a určující do nejmenších podrobností občanský a právní zákoník. Mají formu ústavy, sebemenší činy a gesta jsou v životě každého občana pevně stanoveny – co má jíst, kdy má bdít a kdy spát, jak se má oblékat, co se má učit ve škole, jaké má mít zvyky a obyčeje, jaké mají být i jeho nejintimnější myšlenky. Islám, tato absurdní nauka amorálního beduína je jed, který ničí naše životy. Není ničím jiným než mrtvou věcí, která zneucťuje člověka."*

Naopak nacistický vůdce **Adolf Hitler** (1889-1945) byl vůči islámu jeho oddaným obdivovatelem. Podle Hitlerových slov *„Islám je germánskému lidu jako šitý na míru, je mnohem vhodnější, než slabošské a ochablé křesťanství"*. Případnou středověkou islamizaci Západu, pokud by se bývala realizovala, považoval za velice zdařilý projekt a oceňoval na něm, že islám věří v šíření víry mečem a podrobením všech národů. V listopadu roku 1941 se v Berlíně setkal s jeruzalémským islámským předákem Mohamedem Amín al-Husajním. Oba fanoušci totalitních pořádků a nesvobody si mezi sebou vyměnili komplimenty, když Hitler byl al-Husajním poctěn titulem „čestný muslim" a dojatý válečný vrah Hitler udělil svému hostu titul „čestný Árijec". Vůdce nacistů Hitler pozvaného islamistu na závěr dokonce nazval „Führerem (něm. vůdcem) arabského světa".

Hitlerovo nadšení pro islám sdíleli i další nacističtí pohlaváři. Třeba říšský vůdce krvavě proslulých jednotek SS (německy Die Schutzstaffel - Ochranné oddíly) **Heinrich Himmler** (1900-1945) se vyslovil, že *„Islám je velmi podobný našemu vidění světa"* a oceňoval na něm zejména kult mučednictví a příslib nebeského získání 72 panen odměnou za smrt v boji za zájmy svých nadřízených. S pochopením takového absurdního motivačního faktoru dodal : *„Tomu každý voják rozumí".* Málokdo ví, že esesák Himmler založil již v roce 1942 první muslimské divize SS, jejichž příslušníci nosili fezy a modlili se pětkrát denně v kleče s tváří obrácenou k Mekce. Byly sestaveny z řad balkánských muslimů, měly své duchovní vůdce (imámy), kteří organizovali modlitby přímo na bojišti, a na jejich vojenských výložkách měli umístěný znak s rukou třímající zahnutý meč nad hákovým křížem. Inu, americká plutokracie si pro své dobyvačné světovládné cíle nemohla vybrat lepší vzory.

10. kapitola : <u>Proč se přistěhovalci domáhají vstupu právě do Německa</u> ?

Asyl, asylum, Germany. Tahle slova a žádná jiná mají latinkou napsaná na svých lístečcích od amerických, saúdských a tureckých verbířů všichni tzv. váleční uprchlíci z muslimských zemí. Mnozí je dokonce umějí i vyslovit. Co je tohoto podezřelého jevu příčinou ? Vždyť přece logika věci jasně nabádá, že když prchám z nějaké válečné vřavy, tak se zastavím a počkám v první bezpečné zemi, abych byl co nejblíže svého domova, kam se po skončení války zase okamžitě vrátím, abych nepozbyl své základní právo na vlast a domov. Proč putovat tisíce kilometrů daleko od svého domova a svých blízkých ? Něco tady nehraje, že ano ? Pozorný čtenář už dávno ví, že za vším jsou „až na prvním místě" pochopitelně peníze.

Německo imigrantům nabízí něco, co jiné země nemají, a to finanční podporu náboženským obcím etnických menšin. Tyto peníze proudí přímo z rozpočtu německého státu do islámských obcí, které zakládají prověření přistěhovalci, zřizují modlitebny a koordinují vytváření muslimských ghet. V Německu totiž mají náboženské obce o minimálním počtu 50 osob právo na roční státní příspěvek, který v základu činí 150.000 Euro. Avšak podle aktivity a počtu členů mohou na základě dotačních titulů získat automaticky nárok na čerpání dalších 400.000 Euro ročně. Pokud náboženská obec dosáhne počtu 1.000 členů, stává se příspěvkovou organizací státu a má nárok dokonce na roční státní příspěvek na provoz ve výši 2,5 milionu Euro.

Islámské náboženské obce tyto obrovské peníze rozdělují v rámci dobročinnosti mezi své členy a rodiny, čímž si je samozřejmě zavazují. Velké islámské obce dokonce provozují školy a nemocnice, dotují chudé islámské rodiny, jejich děti musí navštěvovat pravidelné modlitby, čímž jsou manipulovány podle islámské ideologie. Představitelé těchto islámských obcí neříkají, že to jsou peníze darované německým státem předtím vybrané od německých daňových poplatníků, ale lživě uvádějí, že jde o peníze náboženské obce a tyto peníze jménem proroka Mohammeda rozdávají sociálně potřebným věřícím. Neinformované děti a jejich rodiče jsou tedy tímto prostým způsobem utvrzováni v poslušnosti vůči místním islámským autoritám a ovládány islámskou ideologií podle jejích potřeb. A protože zaoceánští protektoři vnutili Evropanům mezinárodní úmluvu o účasti cizinců na lokální správě, v průběhu dvou až tří let se zástupci koncentrovaných muslimských ghet dostanou do obecních zastupitelstev, která postupně infiltrují a svými ultimativními požadavky zdecimují.

Ale vedle toho samozřejmě dostávají imigranti sociální podporu. V Německu se jedná o týdenní nárok na 150 Euro, dítě do 10 let obdrží 50 Euro a nezletilec do 18 let získá 75 Euro. O něco více dostane imigrant ve Švédsku a Francii. Ve Švédsku je státní příspěvek 300 Euro dospělému týdně a 250 Euro dítěti až do jeho zletilosti. Ve Francii má uprchlík nárok na 230 Euro a jeho dítě 150 Euro týdně. Švédsko i Francie navíc vyplácí příspěvky na bydlení od 150 do 250 Euro měsíčně. Toto jsou tedy hlavní důvody, proč muslimští přistěhovalci se dožadují vstupu do Německa.

Známý potkal nedávno jednoho orientálně vyhlížejícího mladíka vydávajícího se za válečného uprchlíka, který o sobě prohlašoval, že je ze Sýrie. Položil mu několik otázek. Zpočátku sice odpovídal váhavě, ale potom se spontánně rozpovídal, tudíž se brzy dozvěděl to, co jistě už dávno tušil. Kvůli ochraně jeho identity mu říkejme třeba Muhammad Ali. Na otázku, co ho přimělo k cestě do Evropy, Muhammad odpovídá, že neprchá před válkou ani před persekucí Islámského státu. Muhammad přiznává, že jeho hlavním cílem není uniknout válce, ale že hlavním cílem je islamizace Evropy. Říká, že chce přivést lidi k přijetí islámu. Aby se dostal do islámského ráje, musí Evropany přimět konvertovat k islámu, proto emigroval s tímto jediným cílem. Koncept hidžrahu, čili džihádu formou emigrace, je v Koránu oslavován jako zvláště záslužný prostředek šíření islámu na nová území. Podle koránu platí, že kdo emigruje kvůli Alláhovi, nalezne na zemi mnoho míst a hojnost. Muslimové by měli migrační krize využít, aby se vmísili mezi evropské občany, vytlačili křesťanství a jejich země dobyli.

Je jasné, že umělé vmísení každého cizorodého prvku do stabilizované občanské společnosti má za následek spontánní vznik obranného občanského pnutí. Známe to přece všichni z domova, že nezvaná návštěva je obtěžující a snažíme se ji co nejdříve vyprovodit za dveře. Merkelovské Německo se tak tímto sociálním experimentem ocitlo na počátku krvavé občanské války. A jako v každé válce jako její první oběť umírá svoboda slova, protože nastupuje válečná propaganda. Občané tak následkem embarga na svobodné šíření informací se nedozvídají zprávy, které se vládnímu establishmentu do jeho propagandy nehodí. Jednou z nich je i informace o tristních poměrech v jedné nejmenované mnichovské nemocnici, jak je podala jedna z pracovnic středního zdravotnického personálu, jejíž jméno z pochopitelných důvodů hrozby státní represe nelze uvést.

„Včera jsme měli v nemocnici poradu. Situace jak u nás tak i v dalších nemocnicích v Mnichově je neudržitelná. Pohotovost na klinikách se již nedá zvládat, proto všichni přistěhovalci začínají být posíláni do nemocnic. Řada muslimů odmítá být ošetřena ženským personálem a na druhou stranu my ženy zase říkáme, že mezi ty hrubiány, zvláště z Afriky, nepůjdeme. Vztahy mezi personálem a imigranty začínají být stále horší a horší. Imigranti musejí být při vstupu do nemocnice doprovázeni policisty se psy. Řada uprchlíků má AIDS, syfilis, otevřenou TBC a spousty jiných exotických nemocí, které v Evropě vůbec neznáme a ani neumíme léčit. Pokud dostanou recept, tak v lékárně zjistí, že musí vše zaplatit hotově. Dochází tam k neuvěřitelným výstupům,

zvláště když se jedná o léky dětem. Děti nechávají personálu v lékárnách se slovy, aby si je zde vyléčili sami. Policie tudíž už nehlídá jenom kliniky a nemocnice, ale i velké lékárny.

Na poradě s nadřízenými jsme se otevřeně ptali, kde jsou ti, co imigranty před televizními kamerami a s transparenty na nádražích vítali ? Většina těchto lidí je naprosto nezaměstnatelná. Dosud byla v celém Německu nezaměstnanost 2,2 milionu, teď bude nejméně 3,5 milionu. Se vzděláním jich je úplné minimum, navíc jejich ženy většinou vůbec nepracují. Odhaduji, že každá desátá je těhotná, stovky tisíc z nich přinesli s sebou kojence a malé děti do 6 let, které jsou naprosto zbídačené a zanedbané.

Sám profesor našeho oddělení se nám sestrám svěřil, že je mu smutno, když vidí nemocniční uklízečku pracující každý den celá léta za 800 Euro měsíčně, a pak zde potkává na chodbách mladé kluky, kteří s nataženou rukou jen čekají a vše chtějí zdarma a když to nedostanou, začnou dělat násilnosti. Nikdo, kdo s nimi nepřišel do styku, tak neví, co jsou zejména uprchlíci z Afriky za násilníky a jak si muslimové dovolují vůči zdejšímu personál ohledně svého náboženství. Zdejší personál zatím ještě nemá nemoci, které si sem imigranti přivezli, ale při takovém denním množství stovek pacientů je to jen otázka času.

Další příklad. V jedné nemocnici v Porýní uprchlíci napadli personál noži poté, co předali nemocnici osmiměsíční dítě na pokraji smrti, které tři měsíce předtím vláčeli sebou přes půl Evropy. Dítě za dva dny zemřelo, přestože mu byla poskytnuta špičková péče na jedné z nejlepších dětských klinik v Německu. Lékař musel být následkem utrpěných bodnořezných zranění operován a dvě sestry leží na jednotce intenzivní péče. Nikdo z útočníků nebyl potrestán. V německých sdělovacích prostředcích se o tom nesmí psát, takže to víme jen od kolegů prostřednictvím jejich elektronické pošty. Co by se asi stalo rodilému Němci, který by nožem pobodal lékaře a sestry ? Nebo kdyby chrstnul sestře do obličeje svou syfilní moč a ohrozil jí nakažením ? Pochopitelně by šel okamžitě před soud a do vězení. U těchto lidí zatím se nic neděje. A tak se ptám : Kde jsou ti vítači z německých nádraží ? Všechny tyto vítače bych poslala nejprve k nám do nemocnice na akutní příjem jako lapiduchy a potom do jedné budovy k imigrantům a ať se tam o ně starají. Bez ozbrojené policie, bez policejních psů, kteří jsou dnes v každé nemocnici zde v Bavorsku a bez zdravotního personálu."

11. kapitola : <u>Máme se obávat amerického fašismu</u> ?

Vždyť přece žádný neexistuje, opáčí podrážděně čtenáři a přitom si budou významně ťukat na čelo. Já bych si ale tak jistý nebyl. Co je třeba současný masivní útok na naši Evropu uměle vyprovokovanými přistěhovaleckými vlnami ? Ale vezměme to popořádku. Nově ustavený americký fašismus vnímám jako spojení **(1)** korporátní oligarchie s **(2)** levicovým establishmentem zastřešené **(3)** socialistickými ideologiemi směřující ke společnému cíli zúčastněných, a to ovládnutí světa. Plutokracie je soustředění státní moci v rukou nejbohatších představitelů vládnoucí vrstvy (řecky plútos znamená bohatství, hojnost).

Ad **(1)** Korporátní bankovní a zbrojní oligarchii bychom v USA už měli a je již desítky let dokonale etablovaná ve státních a národních strukturách. Rozhoduje o veškerém společenském a politickém životě, vč. volby amerických prezidentů či ukončení jejich mandátu smrtí (např. J. F. Kennedy), jmenování členů vlády, volebních kampaní do Kongresu, zahájení válek, intervencí, státních převratů, apod. Je sdružená převážně kolem známé tiskárny dolarů aneb soukromé centrální banky FED. Pokud bychom měli jmenovat nejvýznamější figury, tak nelze vynechat desatero známých rodinných dynastií Goldmanové, Sachsové, Rockefellerové, Lehmannové, Kuhnové, Loebové, Rothschildové, Warburgové, Lazardové a Sieffové. Jsou posedlí novým světovým řádem (NWO) s jedinou globální vládou pod vedením vyvolených Američanů a samozřejmě globálními zisky a výhodami.

Následkem koncentrace obrovského bohatství a zákulisní politické moci jim málokdo odolá. Dokonce i vatikánský papež František už jim poslušně zobe z ruky a zpívá s nimi jedním hlasem, až řadoví katolíci padají do mdlob, co se to stalo, když se zděšením sledovali např. v roce 2015 americké financování irského referenda o uzákonění plnohodnotných sňatků homosexuálů.

Ad **(2)** Levicový americký establishment máme také na skladě, byť mnozí ze setrvačnosti podotknou, že snad by se dalo hovořit pouze o krátkodobý výstřelek obamovského neomarxismu amerických demokratů, ale rozhodně ne tradičně pravicových republikánech. Ale kdeže loňské sněhy jsou ? Asi úplně posledním poctivým pravicovým republikánem byl Ronald Reagan a dnes i oni přijali neokonzervativní levičácké manýry, čili si s levicovými demokraty Baracka Obamy a Hillary Clintonové mohou podat ruce.

Ad **(3)** Komunistické a socialistické ideologie máme už přes 200 let. Narodily se v 18. a 19. století v Německu, Francii, Británii, Itálii a USA. Potom Američané s Němci komunismus vyvezli do Ruska, když financovali a spoluorganizovali bolševický Leninův a Trockého převrat v listopadu 1917 proti tehdejší demokratické vládě Alexandra Kerenského ustanovené v únoru téhož roku po svržení carského režimu. A odtud, jak známo, přišel po válce bolševický komunismus k nám a dostal se na 40 let k moci. Po krátké přetržce nádechu ryzí svobody v 90. letech dnes komunistické ideje opět vítězně pokračují ve svém rodišti na Západě a odtud se na novo v dalších a dalších vlnách valí k nám do střední Evropy a ČR. Projevují se v levicové totalitní politice USA a EU založené na eurosocialismu a neomarxismu a jeho nejrůznějších mutacích. Mezi typické ideologie patří rudozelený klimaalarmismus a environmentalismus alias globální oteplování, dále protirodinný agresivní feminismus, společensky rozvratný homosexualismus a LGBT, genderismus, politická korektnost, ženské kvóty, pozitivní diskriminace, soudcokracie, byrokracie, cenzura a autocenzura, policejní stát a státní fízlování, multikulturalismus. Státními establishmenty ve Washingtonu a Bruselu jsou nám tyto zrůdnosti prezentovány jako tzv. <u>nové evropské hodnoty</u>, které jsme prý povinni sdílet, a na <u>tradiční západní křesťanské hodnoty</u> máme rychle zapomenout. Tento trend se zjevně netýká suverénního pravicového a konzervativního Ruska, proto je bruselskými neomarxisty a americkými fašisty tak fanaticky nenáviděno a proklínáno.

Cílem posledně jmenovaného euroamerického multikulturalismu, který v těchto měsících šokováni prožíváme doslova v přímém přenosu a na vlastní kůži, je zlikvidovat státy a národy, aby masy bezprizorních lidí byly globální vládní mocí a oligarchií snadno ovladatelné a stali se z nich otroci, protože pozbyly stmelující pouta k rodinám, národu, víře a vlasti. Americký fašismus se projevuje nejagresivněji na poli multikulturalismu, protože mu přináší nejmarkantnější komparativní profity. Americké vazalské státy v EU a NATO byly nejdříve zavlečeny do rozpoutání válek, agresí a státních převratů v Africe a na Blízkém a Středním východě a poté jim je z pozice multikulturního amerického protektora vnucováno přijímání milionů válečných uprchlíků i zaplacených ekonomických migrantů.

Karikatura znázorňující krvavý vývoz tzv. demokracie z USA

Další podpůrnou destruktivní ideologií je **homosexualismus**. Ten je jako další euroamerická rozvratná ideologie v evropských poměrech dokonale etablován a zákony upraven, tudíž zde již žádný odpor nelze očekávat. Homosexualismus spolu s multikulturalismem mají svými loutkovodiči z globální oligarchie nařízeno prosazovat v evropských zemích všichni američtí velvyslanci všemi prostředky. Vzorně na tomto destruktivním úseku spolupracuje i papež František, který se do úkolů spojených s globalizačním rozvratem pustil s takovou vehemencí, že katolíci na celém světě žasnou.

Zásadní role byla svěřena původně americkému ale nyní po celé Evropě tvrdě prosazenému **feminismu**. V první fázi se s touto ideologií počítá při likvidaci rodin jejich destabilizací, zničením a následným oddělením dětí od otců jejich svěřováním do výlučné výchovy jen matkami. Toto již bylo prakticky v celé Evropě splněno, česká a eurounijní rodina až na pár lokálních výjimek přestala existovat. Ve druhé dnes započínající fázi dochází k odnímání dětí matkám. Jde to snadno, protože ženy prostřednictvím aktivit apologetů destruktivního feminismu nenávidějící muže a poštvané proti nim nemají žádnou relevantní obranu a jako zcela bezmocné a osamocené agresivním orgánům státní moci lehce podléhají. Proč ale ty krádeže dětí ? Komu to slouží ? O tom je třetí fáze celého procesu. Ukradené děti budou přidělovány homosexuálním dvojicím a bohatým bezdětným párům, protože lékařská věda ještě klonování lidí nemá zvládnuté. K tomu se připravuje předem legislativa, jak prokazují pokusy levičáckých šílenců pod vedením Dienstbiera ml. o adopce dětí homosexuálními páry. Další vládní neomarxistka Marksová-Tominová připravuje nový zákon o sociálně-právních ochraně dětí, který bude prakticky doslovným překladem zákona norského, protože totalitní norské juvenilní poměry jsou snem každého neobolševika. Ještě zbývá naprosto poslední šance - poctivá pravice, která se multikulturalismu, feminismu a homosexualismu umí postavit na odpor.

Naše evropská civilizace začala symbolicky umírat už v první světové válce. Od té doby postupuje krok za krokem rozklad všech jejích hlavních pilířů. Zdánlivě se tak děje na různých bitevních polích, ale ve skutečnosti má tato destrukce jednoho společného jmenovatele : růst moci států na úkor individuální svobody a nezávislosti jednotlivce. Oba protichůdné jevy byly s tolerancí obětovány na oltář demokracie, která podporuje kolektivismus a je jedním z hlavních institucionálních mechanismů úpadků civilizace. Soukromý a svobodný ekonomický systém založený na tradičním volném trhu a svobodě podnikání je nahrazován státním intervencionismem a přerozdělováním. To jednak deformuje ekonomické prostředí, znemožňuje efektivní alokaci investic, ukazuje subjektům trhu falešné stimuly a odrazuje je od efektivní práce a podnikatelské aktivity. Ale hlavně ničí společenskou morálku, což je ještě horší. Ze svobodných a činorodých lidí vytváří osoby závislé na sociálních dávkách a na státem placených parazitních pracovních pozicích ve státní byrokracii a neziskovém či nevládním sektoru. Státní sociální systém je zároveň tvrdým ekonomickým útokem na další tradiční pilíř křesťanské společnosti – na rodinu a mravní mezilidskou solidaritu, protože je omezuje a paralyzuje. Státy nemají zájem, aby rodiny či místní komunity držely pohromadě, protože tím by byly nezávislé, ale aby společnost byla atomizována na jednotlivce závislé na státu.

Rodina byla vystavena útokům i na kulturní frontě. Neomarxisté a další levicová hnutí propagují a podporují všechny možné alternativní, nepřirozené až deviantní formy soužití s jediným cílem – zlikvidovat institut rodiny fungující desetitisíce let. K tomu je třeba povinně oslavovat deviantní LGBT, destruktivní genderismus, single matky, sexuální nevázanost, státní konfiskace dětí atd. Rodina znamená nezávislost na státu, všechny ostatní formy produkují lidi na státu závislé.

Tradiční duchovní tmel naší civilizace - křesťanství se již podařilo zcela odstavit na vedlejší kolej, a to dokonce do té míry, že vatikánský papež František se postavil do čela ideologického a morálního rozvratu římskokatolické církve. Důvod soustředěného útoku proti křesťanství je opět jasný : víra v Hospodina konkuruje uctívání vlády. Hospodin je bůh žárlivě milující a nesnese uctívání falešných světských bohů a model. Ten, kdo věří v Hospodina, nesmí mít jiných Bohů před ním, a má zakázáno se klanět tyranům, což jej činí každému režimu nebezpečným.

Souběžně s tím pokračuje a sílí tlak zaoceánské mocnosti na válku Evropanů s Ruskem. Chlácholíme se, že se nám podařilo odvrátit první ukrajinské kolo ? Netěšme se, budou následovat další pokusy ! Američané budou zkoušet podpálit Evropu z jiného konce. Není pak divu, že se v Evropě ztýrané politickou korektností, podlomené feminismem a homosexualismem, rozleptané genderismem a juvenilní justicí a zbídačelé zeleným šílenstvím bojovníků s klimatem šíří odevzdanost, že sledujeme řízenou genocidu bílé, pracující, evropské, židovsko-křesťanské civilizace v přímém přenosu.

Tragické dopady těchto zrůdných ideologií na životy každého jednotlivce, rodiny, obce, národního společenství si u nás málokdo uvědomuje, s výjimkou jediného významnějšího člověka, a to **Václava Klause**. Máme v opozici dvě snad někdy v minulosti pravicové strany ODS a TOP, ale ty jsou tak sebedestruktivně propojeny s neomarxistickými ideologiemi EU a USA, že nejsou schopny rozlišit vůbec nic zásadního a dělají jim typické užitečné idioty k tíži svých voličů. Jsme tedy pasivními účastníky a nebohými oběťmi důmyslného a předem perfektně připraveného záměru s jasně danými cíli, kterými se jejich autoři ani nijak zvlášť netají - ad známá jména jeho protagonistů amerického fašismu Allen Dulles, Thomas Barnett, Peter Sutherland, George Friedman a mnoho dalších. Posuďte prosím dále.

12. kapitola : <u>Jaké cíle Američané svým rozvratem Evropy sledují</u> ?

Ukazuje se, že to s tou invazí milionů nekompatibilních etnik a náboženství do Evropy a s naším zničením myslejí Američané smrtelně vážně. Čím jsme si vysloužili takovou pozornost našich „spojenců" ? Jaké cíle při tom sledují ? Co se to proboha dneska s naší Evropou děje a jak si ty hrůzy a násilnosti valící se na nás vysvětlit ? Slyšíme názory, že se spolková kancléřka Angela Merkelová jako faktická majitelka Evropy musela zbláznit. Merkelová, která vyhrála nesčíselněkrát volby, jichž se ona nebo její strana zúčastnila ? Mohla se zbláznit výlučně pro toho, kdo si nevidí dál než na špičku nosu. Ta východoněmecká svazačka setsakramentsky dobře ví, co dělá. Vzorně plní plány americké administrativy a okupační správy na rozvrat Německa a tím celé Evropy. Zcela v souladu s projektem Nového světového řádu (NWO) prostřednictvím destrukce Evropy, m.j. proto, aby přestala být americkým všestranným konkurentem. Zavázala se okupantům k poslušnosti kancléřským vázacím aktem. V roce 2015 měla Merkelová podle plánu Bílého domu za úkol dostat do Evropské unie 1,5 milionu invazních přistěhovalců z Afriky a Arábie a plán do puntíku splnila.

Překvapivou shodou náhod stejný počet imigrantů i cíle specifikuje ve svých knihách i v 6. kapitole popsaný Thomas P. M. Barnett, americký vojenský plánovač a spolupracovník korporátní oligarchie. Ten od roku 2004 svými knihami a přednáškami varuje, že Amerika zabije všechny, kteří si dovolí jí odporovat. *"Naše planeta zlikviduje naše nepřátele, kteří brojí proti mísení ras a kultur a kteří sami nedospějí k poznání, že logika ekonomie zvítězí a že jenom ona lidi přesvědčí. Tato logika vyžaduje globalizaci, která musí být multikulturní a multinárodnostní. Pokud nebude vnitřními silami sabotována, je její vítězné tažení nezastavitelné. Ano, beru iracionální argumenty našich protivníků na vědomí. Přesto, pokud si tito odpůrci dovolí globálnímu světovému řádu odporovat, tak žádám : Zabijte je !"*

Na Silvestra roku 2015 byl tedy roční kontingent přistěhovalců do Evropy ve výši 1,5 milonu splněn. Genocida evropského obyvatelstva pokračuje přesně podle plánu i v roce 2016. Inu, prušácká důkladnost a přesnost se nezapřou. Stejně jako dnes i v nacistických koncentračních táborech taky nebyl žádný chaos, ale genocida porobených národů se konala plánovitě.

Někteří lidé se také domnívají, že sice Merkelová není hloupá, ani se nezbláznila, ale něco před námi tají. Jako pověstný kamínek do mozaiky zapadá znalci sdílený názor, že nevysloveným tajemstvím Obamovy služebné Merkelové je záchrana americké ekonomiky a dolaru. Tvůrci této plánované genocidy Evropy jsou totiž „čirou shodou okolností" majiteli americké centrální banky FED. Prostředkem amerického multikulturního fašismu na cestě ke světovládě je oslabení Evropy a položení jí na kolena, aby nemohla do USA své produkty vyvážet, ale zmohla se pouze na přijímání amerického exportu a otrockou nekvalifikovanou práci, jak vidíme v zemích tzv. Třetího světa. Američané totiž svoje služby, zboží, kapitál a pracovní sílu nevyvážejí (vyjma zbraní), takže nevytvářejí tržní hodnoty, ale pouze je pasivně spotřebovávají. Vnitřní i zahraniční státní dluh narůstá a státní bankrot je oddalován jen pomocí emisí ničím nekrytých dolarů a dluhopisů, zakládáním ozbrojených konfliktů na celém světě a vývozem zbraní. Majitelé klíčů od Ameriky totiž dobře vědí, že pokud se v mezidobí nestane zázrak, např. mezistátní nebo alespoň občanská válka v Evropě, tak jejich stát i s dolarem prostě zbankrotují. Toto nanejvýš aktuální téma je tak úděsné a znepokojivé a jeho souvislosti s americkým fašismem jsou tak blízké, že dalšími otřesnými informacemi a konsekvencemi bude pokračováno za následující tabulkou s 15 největšími věřiteli USA. Situace je totiž ještě horší, než bychom si byli ochotni vůbec připustit.

Země	Objem držených dluhopisů (bondů) v miliardách dolarů
15 největších zahraničních věřitelů USA	
Čína	1244,6
Japonsko	1137
Kajmanské ostrovy	265
Irsko	264
Brazílie	246
Švýcarsko	230
Velká Británie	227,6
Lucembursko	221,3
Hongkong	200,3
Tchaj-wan	182,3

Belgie	153,8
Indie	118,9
Saúdská Arábie	116,8
Singapur	112,7
Německo	90,1

Zdroj : Ministerstvo financí USA (květen 2016)

Americký stát se dostal do nadále neudržitelného a neakceptovatelného režimu své správní funkce. Jak proces soustavného astronického zadlužování prakticky probíhá ? Ve státní správě USA stejně jako v jiných zemích jsou zaměstnáni policisté, úředníci, vojáci, hasiči, zdravotníci, učitelé a jiní pro funkci veřejných služeb potřební zaměstnanci. Dále státní správa podporuje nezaměstnané a nízkopříjmové skupiny. Údaje se rozcházejí, takže s určitostí nelze říci, zda je na potravinových lístcích (aneb žebračenkách) před časem americkou administrativou přiznaných cca 50 milionů příjemců dávek nebo již okolo 100 milionů. Dále je nutné platit provoz vládních budov, automobilů a další služby. Enormní výdaje si vyžadují tajné operace, války, vojenská cvičení, zbrojení, neziskové organizace, atp.

Od počátku hypoteční krize rokem 2008 došlo již po několikáté za sebou k situaci, že americká státní pokladna byla již v listopadu - obrazně řečeno - prázdná. Jinými slovy formulováno – americký stát již dlouhodobě není schopen vybrat na daních dostatek prostředků na svůj provoz, resp. provozní náklady přizpůsobit vybraným daním. Jako příčina tohoto stavu se uvádějí především masivní levné dovozy z Číny již od 80. letech, které v konečném důsledku zcela zničily původně rozvinutý průmysl USA. Z toho vyplynula logicky masová nezaměstnanost a vysoký úbytek daňových poplatníků. Jako odstrašující příklad úpadku amerického průmyslu slouží město duchů Detroit, kdysi bezkonkurenční chlouba americké automobilového průmyslu, symbol svobody a amerického hospodářského zázraku.

Vnější pozorovatelé jsou zpravidla na podzim svědky nahraných vzrušených dramat spojených s řešením pravidelné platební neschopnosti státní administrativy. Na stole je rok co rok kabaretní dilema, zda americký Kongres federální vládě mimořádné zvýšení výdajů schválí nebo zda následujícího dne nenastoupí do práce jediný státní zaměstnanec. Se strojovou pravidelností Kongres zvýšení výdajů a jejich financování dalšími úvěry vždycky samozřejmě schvaluje.

Dodatečné financování provozu amerického státu probíhá následujícím způsobem :

1. Americky stát vydá dluhopisy (papírové či elektronické) na částku nutnou k úhradě zbývajícího dvouměsíčního provozu státu. Dluhopisy vytiskne ve své státní tiskárně cenin a umístí je na trh s cennými papíry. Dluhopisy poskytují záruky amerického státu o jejich splatnosti a zpětném odkupu a o úrokovém výnosu, který včetně jistiny zájemce obdrží.

2. Kvůli jejich inflaci a špatné pověsti však o americké dluhopisy samozřejmě není téměř žádný zájem. Proto není jiného zbytí, než že dluhopisy kupují federální vládou nastrčené investiční fondy a podobné finanční skupiny. Navenek tak vše vyhlíží, jakoby dluhopisy byly atraktivní. Vyjímečně skutečně někdo mimo nastrčené subjekty dluhopisy koupí a zaplatí za ně reálnými penězi krytými prací a tržní hodnotou, čímž se věrohodnost celé hry s bezcennými dluhopisy neinformovaným jen zvýší.

3. Nastrčení kupci dluhopisů však slouží jen k oklamání veřejnosti a daňových poplatníků. Nabyvatelé dluhopisů mají s jejich prodejci uzavřenou nepsanou dohodu, že veškerou emisi dluhopisů oficiálně vykoupí, ale současně obdrželi příslib, že dané dluhopisy od nich obratem odkoupí americká centrální banka FED. Obchodníci s cennými papíry jako najatí prostředníci za tuto transakci dostanou slíbenou provizi.

4. Konečným vlastníkem čerstvě vytištěných dluhopisů americké vlády se tak nakonec stává FED, který za ně nezaplatil ničím jiným, než čerstvě vytištěnou (emitovanou) americkou měnou.

5. Federální vláda tak za vydané dluhopisy obdržela očekávané peníze, jimiž obratem uhradí všechny dluhy a závazky.

6. Aktuální momentální věřitelé amerického státu tedy za pohledávky obdrží své peníze, které samozřejmě utratí v USA za živobytí, služby, zboží, apod. Jenže zde nastává první zádrhel – většina tohoto koupeného zboží a výrobků nebyla vyrobena či zhodnocena v USA. Do USA byly tyto komodity dovezeny z ciziny, zejména z Číny a Japonska, protože Amerika už v podstatě nic sama nevyrábí, ale jen spotřebovává.

7. Čínský, japonský nebo jiný zahraniční dělník, řemeslník, zaměstnanec, technik, atd. reálně a poctivě vynaloženou prací zhodnotili nějaký reálný materiál či surovinu, vyrobili výrobek a dostali za jeho prodej zaplaceno americkým dolarem nebo za něj směněnou národní měnou, který byl chvíli předtím vytištěn v tiskárně peněz FEDu.

8. Jak je možné, že se tato zjevná disproporce mezi faktickou reálnou hodnotou zboží z ciziny a ničím nekrytou americkou měnou neprojeví hyperinflací dolaru ? Protože inflace v rámci USA se tímto podvodným procesem rafinovaně vyveze do zahraničí, kde se rozpustí do celosvětového obchodního měřítka. Proto také ten zoufalý tlak americké oligarchie na globalizaci a na různé závislé smlouvy s cizími zeměmi vč. EU.

9. Co by se asi stalo v okamžiku, kdyby zahraniční dodavatel odmítl za své zboží US dolary přijímat, ale žádal by za své zboží a služby jinou měnu ? Samozřejmě by se celá pyramidová hra či hra na letadlo totálně zhroutila. Takový požadavek zkusil vznést např. libyjský vůdce Kaddáfí a za trest musel být zavražděn, jak je dále vylíčeno v 15. kapitole.

Tuto inflačně-pyramidovou hypotézu potvrzuje i v této knize často zmiňovaná doktrína multikulturalismu a globalizace vojenského plánovače Thomase P. M. Barnetta, který roku 2004 vyslovil následující neskutečný citát : *"Americký státní dluh ? Amerika se bude specializovat na vývoz svého státního dluhu a na dovoz téměř všeho ostatního. Jak takovým způsobem zvládneme žít nad poměry a přesto tyto obrovské deficity ustojíme ? Navedeme svět k tomu, aby naše dluhopisy kupoval, protože Strýčku Samovi se důvěřuje a dolar je relativně levný. Obchodování s našimi dluhopisy (resp. pokladničními poukázkami-pozn.) je úžasně jednoduché. Víte, co tyhle malé cáry papíru natisknout stojí ? Téměř nic ! A víte, co za ně dostaneme za protihodnotu ? Videorekordéry, auta, počítače, atd.! Přestaňte naříkat, protože až svět někdy přijde na to, jak velkou pyramidovou hru provozujeme, tak se dostaneme do vážných potíží. "*

10. Podmínkou existence této nekonečně a zatím bez následků hrané americké pyramidové hry je povinnost zahraničních partnerů používat americký dolar jako jediné univerzální platidlo. Z tohoto důvodu jsou všichni na světě povinni respektovat pravidla v rámci MMF, zejména musí povinně v dolarech držet své státní finanční rezervy. Rotačka FEDu se tak roztočí, kdykoli je třeba a podvodné dotisky dolarů není nikdo reálně schopen ani zaznamenat.

11. Toto zjevné zneužívání emise ničím nekryté měny mohou provádět pouze USA a jejich faktičtí majitelé rekrutujících se z FEDu a jeho podílnických bank. To je právě oněch 200 vyvolených dynastií, které mají v plánu zničení Evropy a porobení Evropanů, ovládnutí a parcelaci Ruska, Číny, Indie i celé planety a závěrečnou depopulaci lidstava na počet cca půl miliardy hloupých otroků.

Američané si tedy jako světový hegemon vynutili, že dolarové obchody jsou povinné zejména u vybraných klíčových komodit představujících základní vstupní komponenty veškeré výroby, zejména ropa (petrodolar), plyn a nerostné suroviny. Pravidlo MMF o povinné tvorbě dolarových rezerv je klíčovou podmínkou, aby zúčastněné země mohly vůbec mezinárodně obchodovat, tedy aby byla jejich domácí měna mezinárodně směnitelná. Tyto mezinárodní bankovní smlouvy, na které musí centrální banky těchto v podstatě nevolnických zemí přistoupit, jsou nastaveny tak, že národní vlády závislých zemí mají zakázáno do měnové politiky svých vlastních centrálních bank jakkoli zasahovat. Občany nevolení úředníci těchto občany nekontrolovatelných bank potom mají volné ruce s národní měnou nakládat podle požadavků svých amerických protektorů shromážděných v MMF a Světové bance.

Tady tkví odpověď na otázku, proč Česká národní banka zcela neočekávaně a bez racionálních důvodů přistoupila v listopadu roku 2013 k devalvaci české měny o cca 10 %. Shodou okolností se tak stalo po úspěšně provedeném státní převrate z června téhož roku svržením vlády Petra Nečase za organizační účasti amerického velvyslanectví pod vedením velvyslance Andrewa Schapira. Odpověď je nasnadě – cílem bylo zlevnit českou pracovní sílu a v době všeobecné krize a ochablého trhu zvýšit zisky korporací, které vlastní český průmysl a ekonomiku.

Vlastnická struktura relevantních korporací je fakticky tvořena totožnými rodinnými klany a dynastiemi, které ovládají či vlastní FED, potažmo MMF. Tito skuteční vládci prozatím ještě jen západní části planety své světovládné požadavky vůči EU aktuálně přitvrzují svou přísně utajovanou smlouvou TTIP a podobnými dokumenty. Nad celým tímto systémem celosvětově pečlivě bdí americká armáda dislokovaná prakticky na celém světě, takže má možnost proti vzpurným státům operativně zasáhnout.

Logika věci spočívá v tom, že následkem **realizace americké doktríny multikulturalismu a globalizace** ekonomická destrukce Evropy jako důsledek občanských válek, etnických, náboženských, sociálních a zdravotních krizí zamezí vývozům evropských producentů a poskytovatelů služeb do USA a Kanady a naopak umožní zvýšit vývozy amerických komodit do Evropy. Obdobně my Evropané důsledkem bez odporu očekávaných krizí opustíme trhy i v ostatních částech světa, zejména v Asii, Rusku a Jižní Americe, a na naše místa nastoupí, jak jinak, americké podnikatelské subjekty. To lze jednoduše politicky zajistit několika telefonáty amerických velvyslanectví jejich poslušným okupovaným evropským vazalům. Ani už nebude třeba složitě kompilovat ekonomické aféry typu Volkswagen s emisemi automobilových motorů, aby se evropští výrobci z tamních trhů stáhli.

A citelná ekonomická krize Evropy počínaje Německem, Francií, Británií, Švédskem a poté i středoevropskými zeměmi je záležitost nejpozději roku 2017. Samozřejmě pokud budou americké loutky denní kontingent přistěhovalců o počtu 10 tisíc duší dodržovat. Což není problém, protože natištěných dolarů a vojenské síly k převratům po celém světě mají dostatek. Nedávno se americká vojska nově objevila v centrální Africe, aby byl proud přistěhovalců garantován i přes zimní období a nevyschnul. Plán je plán a fašistům v Bílém domě je svatý.

Americký stát pravidelně každý další rok tedy nemá peníze na povinný zpětný odkup jím vydaných dluhopisů z předchozího roku. Následkem toho je nucen si půjčit na stejném principu i pro příští období o to vyšší částku. Aby toto finanční perpetuum mobile mohlo být stále funkční, musí být americký dolar celosvětovým povinným platidlem. Nicméně nic nejde nikdy dokonale, proto i USA se musejí potýkat s nepříznivými vlivy.

Jedním z nich je světová komunikační síť internet, která umožnila celosvětovou komunikaci všech se všemi bez omezení a již takřka zničila americký informačně vzdělávací monopol. Podobně kdysi knihtisk zničil monopol katolického feudálního systému založený na soustavě kostelů, klášterů a církevních škol jako jediného zdroje informací všeho evropského obyvatelstva. Dále mají Američané potíže s neplánovanou revitalizací a neobvyklou efektivitou ruských tajných služeb. Putinova administrativa je složena z profesionálních odborníků rovněž z řad bývalých sovětských tajných služeb, tudíž obrana ruských zájmů a územní celistvosti se ukázala jako nečekaně silná překážka samozvané americké dominanci.

Amerika se dopustila závažného pochybení rovněž tím, že umožnila přesun veškeré výroby do Číny, jejíž vedení v současnosti již nehodlá svou produkci měnit za bezcenné zelené papírky a tím poskytovat bezpracné živobytí významné řásti občanů USA. Přitom je to americká armáda, která kdykoliv ztrestá jakéhokoliv čínského obchodního partnera, který by už dále nechtěl platit dolarem ale čínskou měnou. Jako např. suverénní Libyi, která měla v plánu od roku 2012 prodávat celou svou ropnou produkci Číně bez participace amerického petrodolaru, proto byl libyjský vůdce Kaddáfí na podzim 2011 zavražděn. Američané to tedy stihli doslova za 5 minut dvanáct. Všechny uvedené faktory a řada ještě dalších dostaly kliku zločinců z

USA do takové situace, že nyní již nebojují za dokončení své celosvětové hegemonie do zdárného konce, ale kopou jako chcípající kobyla kolem sebe v naději, že jim to přinese záchranu.

Krátkodobý cíl celého plánu na rozvrat Evropy je tedy jasný : Stůj co stůj zabránit akutně hrozícímu bankrotu amerického státu a pádu amerického dolaru. Na věci nic nemění ani komické bruselské summity členů a vedení EU s postiženými balkánskými státy, které kolabují pod náporem přesně dávkovaných mas migrantů. Snad jediná změna je tu markantní – namísto živelného exodu se od nynějška bude jednat o organizovaný přesun milionů lidí do Evropy.

Samozřejmě, že dlouhodobý americký cíl, tedy šílená výroba světlehnědé nové evropské rasy s nízkou inteligencí a její zotročení, je záležitost na nejméně 20 let. Washingtonští sociální inženýři a korporátní fašisté pochopitelně počítají s tím, že muslimové a černoši nikdy pracovat nebudou, že nikoho z bílých Evropanů poslouchat nebudou a neasimilují se, že geneticky disponují nižší inteligenci než běloši, že vyprovokují krvavé občanské války, že evropské komodity zdraží a ztratí konkurence schopnost, atd. Ale o to přece prvoplánově jde !!! Po splnění krátkodobého cíle půjde v následujících letech už jen o čerpání nekonečného toku zasloužených dividend z dobře alokovaných dolarových investic a o ničím nerušenou cestu k ovládnutí světa. Že přitom zničí životy stamilionů Evropanů ? Ale prosím vás, nebuďte tak útlocitní a sentimentální, nová doba si žádá nové oběti a k nim nás totalitní fašistická propaganda bude dennodenně motivovat.

Učiňme shrnutí špinavých metod americké oligarchie a jí najatých služebníků v Bílém domě a vládní administrativě, jak ovládat cizí neposlušné země. Používá k tomu tři stupňující se metody :

1. **Ekonomický teror** prostřednictvím generování zadlužení země (Mezinárodní měnový fond a Světová banka) a poté její ekonomickou likvidací,
2. **Vraždící agenty CIA** pro případ, že demokraticky zvolený představitel ovládané země se odmítá americkému nátlaku podvolit, a jeho nahrazení spolupracujícím politikem,

3. **Invaze americké armády** s cílem zničit nezkrocenou populaci odbojné země, když předchozí dvě metody selhaly, jak se poslední léta stalo např. v Iráku, Sýrii nebo Libyi.

Nasazení americké armády na Blízkém východě

Americká oligarchie a její vládní administrativa nenechávají samozřejmě nic náhodě a připravily scénář pro případy povstání vlastního amerického lidu, pokud by se bankrotu amerického státu a pádu dolaru nepodařilo zabránit. Pro tyto účely byla nařízením již prezidenta Jamese Cartera ze dne 19.6.1978 pod č. 12148 založena **Federální agentura pro řízení stavu nouze** (angl. Federal Emergency Management Agency, zkratkou **FEMA**), která převezme veškerou moc ve státě v době přírodních katastrof, finanční krize nebo občanských nepokojů. Dalším nařízením prezidenta Cartera č. 11490 je FEMA oprávněna pozastavit účinnost nejen americké Listiny práv a svobod, ale i americké ústavy, dospěje-li k názoru, že nastal národní nouzový stav. FEMA plánuje na území USA zřídit kolem 800 internačních táborů, zvaných též koncentrační tábory (angl. concentration camp) nebo tábory smrti (angl. death camp). Tyto internační tábory jsou kapacitně způsobilé uvěznit desítky milionů amerických občanů. FEMA ani nepopírá, že zdrojem její inspirace byly nacistické koncentrační tábory z éry Třetí říše německého vůdce Adolfa Hitlera.

Na základě více než dvaceti nařízení prezidenta Baracka Obamy podepsaných ihned prvního dne 20. ledna 2009 jeho nástupu do Bílého domu jsou tyto koncentrační tábory určeny k internaci konzervativně smýšlejících Američanů, kteří otevřeně vystupují proti Obamově administrativě a Demokratické straně, a to veřejně na internetu nebo v soukromých rozhovorech odposlechnutých pracovníky FEMA.

První internační koncentrační tábor s příznačným názvem **Camp Alpha** byl podle tiskové zprávy FEMA otevřen počátkem roku 2015 ve státě Arizona v oblasti jihozápadně od Willcoxu poblíž národního parku Chiricahua. Ještě v průběhu roku 2015 vznikly další čtyři naplánované koncentrační kempy a do prezidentských voleb v listopadu 2016 má FEMA naplánováno zřídit celkem 12 táborů smrti. Kromě Arizony ještě ve Wyomingu, Texasu, Tennessee, Georgii, Mississippi, na Aljašce a státech Iowa, New Hampshire, Minnesota, Nevada a Florida.

Agentura svou tajnou informací adresovanou jen vybraným činitelům rovněž představila jednu z výslechových metod nazvanou „Hodinový pomeranč" (angl. Clockwork Orange). Metoda je založena na strojně prováděném způsobu efektivního vymývání mozků tradičně a konzervativně smýšlejícím vězňům, po jejíž aplikaci mohou být opět vypuštěni zpět mezi obyvatelstvo, protože byli úspěšně indoktrinováni liberálně socialistickým a pokrokovým světovým názorem.

Vláda USA tak v podstatě vytvořila záložní totalitní a diktátorskou strukturu, kterou může kdykoliv uvést do chodu se vším, co k tomu náleží a co bude následovat. Během jedné hodiny může americký prezident ve spolupráci s FEMA zavést v USA totalitní diktátorský režim na základě následujících příkazů :

E.O. 10995 – zabavení všech komunikačních prostředků, médií a sítí federální vládou
E.O. 10997 – zabavení všech zdrojů energie, elektráren, ropy, plynu, benzínu atd. pod federální vládu
E.O. 10998 – zabavení všech potravinových zásob, zdrojů potravin a farem pod federální vládu
E.O. 10999 – zabavení všech dopravních prostředků, včetně osobních a nákladních aut a lodí federální vládou a kontrola všech silnic a přístavů
E.O. 11000 – zmocnění se všech občanů k výkonu nucených prací pod dozorem federální vlády, včetně rozdělení rodin

E.O. 11001 – zabavení všech zdravotnických zařízení, škol a sociálních zařízení, včetně převzetí neziskových organizací a občanských sdružení federální vládou

E.O. 11002 – zplnomocnění k povinnému zaregistrování všech občanů ministerstvem pošt

E.O. 11003 – zabavení všech veřejných i soukromých letadel a letišť v zemi federální vládou

E.O. 11004 – zplnomocnění bez souhlasu přemísťovat obyvatelstvo z jedné oblasti do jiné a vyhlášení zákazu vstupu do určených lokalit

E.O. 11005 – zabavení železnic, vnitrozemských vodních cest a skladišť federální vládou

E.O. 11051 – zmocnění ředitele FEMA k vyhlášení účinnosti vládních nařízení v době zvýšeného mezinárodního nebo vnitrostátního napětí, občanských nepokojů, přírodních katastrof nebo finanční krize.

Kromě toho má prezident USA podle federálního zákona „The Defense Resources Act" (zákon o obranných prostředcích) následující pravomoci :

SEKCE 1001 – Prezidentova pravomoc zřídit cenzuru veškerých komunikací, které překračují hranice USA, jako jsou tisk a televize a cenzuru poštovních zásilek, telegramů a e-mailů.

SEKCE 903 – Zmocnění prezidenta omezit pracovní příležitosti na aktivity podstatné pro národní zdraví, bezpečnost a státní zájmy.

SEKCE 201 a 501 – Prezidentova pravomoc k zadržení, zabavení nebo zmocnění se majetku občanů a dalších forem vlastnictví.

SEKCE 1213 – Pravomoc prezidenta zakázat firmám a společnostem spolupracujím s federální vládou a státní správou federace zaměstnávat jakoukoliv osobu, která uplatňuje právo na stávku proti vládě nebo je členem organizace, která protestuje proti vládě nebo k ní má výhrady.

Shrnuto, v případě přírodních katastrof, občanských nepokojů nebo finanční krize má americký prezident a jeho administrativa možnost okamžitě paralyzovat americkou ústavu, základní listinu práv a svobod a porobit všechny americké občany.

Jaký vývoj americká plutokracie plánuje dále ? Konečným cílem americké doktríny multikulturalismu a globalizace po zničení Evropy a porobení Ruska a jeho kolonizaci a parcelaci je **depopulace lidstva** na počet cca 500 milionů otroků sloužících 200 vyvoleným elitám a dynastií a poskytujících jim veškerý servis k bezstarostnému a pohodlnému životu a výkonu světovlády. Naši zaoceánští vrazi a jejich evropští pomahači mají k tomu dostatek zdrojů a technických prostředků. Jednou z celé řady metod postupné likvidace lidstva je vývoj **smrtících vakcín**.

Američan **William „Bill" Gates** (nar. 28.10.1955 v Seattle ve státě Washington), multimiliardář a zakládající šéf počítačové společnosti Microsoft, přiznal, že kontaminované očkovací látky a manipulovaná zdravotní péče mají za cíl depopulaci planety. Tato bezprecedentně šokující informace zazněla z jeho úst v roce 2010 na konferenci elitní organizace Technology, Entertainment, Design (TED) se sídlem v New Yorku o tzv. globálním oteplování. Podle Gatesova primitivního uvažování emise oxidu uhličitého CO_2 způsobuje člověk, který je tak prý přímo zodpovědný za údajné oteplování zeměkoule, proto by měla být lidská populace snížena. Tomu musí být přizpůsoben i současný systém zdravotní péče a reprodukčního zdravotnictví. Potvrdil tak informace a výzkumy, podle kterých očkovací vakcíny jsou cíleně kontaminovány látkami snižujícími plodnost nebo přímo vyvolávajími sterilitu a různé nemoci typu autismu a poruch imunity. Později nadace manželů Billa a Melindy Gatesových ve švýcarském Davosu oznámila, že v příštích deseti letech poskytne 10 miliard amerických dolarů na vývoj nových očkovacích látek. Jistě si čtenáři položí otázku, zda je rozumné nechat své děti příště očkovat, aniž by měli jistotu, že se nestaly obětí šíleného plánu depopulace zaoceánských zločinců v kravatách a bílých límečcích.

Zákeřné vražedné pokusy ničeho se neštítící oligarchie na lidech už probíhají delší dobu. Do tohoto zločinného rámce spadá např. záhada samovolných potratů v Nikaragui, Mexiku a na Filipínách z devadesátých let 20. století. Mladé zdravé ženy z nevysvětlitelných příčin přicházely na počátku těhotenství o emrya. Po dlouhé době se vědcům podařilo vypátrat, že všechny postižené ženy byly účastny hromadné vakcinace proti tetanu prováděné Světovou zdravotnickou organizací (WHO) a financované jedním z fondů Davida Rockefellera. Křesťanská charitativní společnost Comite Pro Vida se sídlem v Mexiku nechala vakcínu prověřit, přičemž vyšlo najevo, že obsahovala lidský chorionický gonadotropin (HCG), což je tělesný hormon potřebný k udržení těhotenství. Tento hormon potom ve spojení s protitetanovou očkovací látkou stimuluje tvorbu protilátky, která ženám brání dítě řádně donosit.

Likvidační pokusy na lidech doslova jako z laboratoře nacistického válečného zločince doktora Mengeleho pokračovaly ovšem dále, tentokrát s geneticky modifikovanými organismy (GMO). V dalším případě nevysvětlitelná neplodnost postihla ženy v Zimbabwe a Guineji. Bylo zjištěno, že všechny konzumovaly konzervovanou kukuřici, nicméně rozbory této potraviny žádné nebezpečné preparáty neobjevily. Až jeden toxikolog z Jihoafrické univerzity přišel jako první s podezřením na bioterorismus následkem uměle vyvolaného destruktivního vlivu transgenických substancí na lidský organismus. Rafinovaný zločin na nevinných lidech odhalil až Mitch Hein, prezident biotechnické společnosti Epicyte. Do genomu kukuřičných semen dodávaných rozvojovým zemím byly americkými genetickými odborníky metodou genetického inženýrství vloženy záměrně geny zcela neplodných žen. Taková kukuřice, jak vysvětlil prezident Hein, má v ženském těle za následek obrannou reakci, že vytvořené protilátky znehybní spermie, čímž nemůže dojít k oplodnění.

Nadační fond Billa a Melindy Gatesových připravuje lidem netušícím nic zlého další geneticky modifikovanou potravinu, a to transgenickou tzv. zlatou rýži, která způsobuje cysty ve vejcovodech opět s následkem neplodnosti. O tom se však manželé Gatesovi nezmiňují, pouze uvádějí, že jejich rýže údajně obsahuje potřebné vitamíny. Dnes jsou už odpovědní politikové dotčených zemí opatrnější. Indie odmítla americkou „humanitární pomoc" Gatesovy rýže v hodnotě 100 milionů dolarů ročně. Čína zakázala prodej GMO na svém trhu. Upravené potraviny nejsou používány ve Slovinsku, v Rakousku, Řecku, Francii, Lucembursku a ve Velké Británii. V britských restauracích musejí být jídla z geneticky upravených plodin označeny na jídelních lístcích. Gatesovu, Rockefellerovu a další účast nejbohatších lidí planety na jejich zdánlivě šlechetných a nezištných projektech podporovaných navíc americkou vládou je tedy třeba posuzovat s nejvyšší obezřetností.

S Američany plánovanou genocidou lidstva má s vysokou pravděpodobností souvislost i **havárie dopravního letounu Boeing 777-200** letícího z malajského Kuala Lumpur do čínského Pekingu. Stroj společnosti Malaysia Airlines se při linkovém letu MH 370 dne 8.3.2014 beze stopy ztratil a dodnes nebyl nenalezen. Velice signifikantní je zpráva malajského dopravce, že mezi 239 cestujícími na palubě byla skupina dvaceti čínských softwarových inženýrů pracujících pro americkou společnost Freescale Semiconductor Ltd. se sídlem v Austinu v Texasu. Tito počítačoví experti vynalezli patentovaný mikročip Kinesis KL-03 velikosti 1,9 - 2,0 mm, který umí dálkově ovládat drony menší než moucha, šířit po světě nakažlivé bakterie a choroby nebo řídit na dálku nejrůznější vozidla a přístroje. Díky miniaturní velikosti je vhodný i k implantaci do lidského organismu. Majiteli patentu byli čtyři nejnadanější čínští odborníci každý s podílem 20 %. Zbývající pětinový podíl náležel společnosti Freescale Semiconductor Ltd., která smrtí oněch čtyř podílníků získala k danému mikročipu veškerá práva. Daná společnost je plně kontrolována investiční skupinou Blackstone Group Limited Partnership s kapitálem ve výši 200 miliard amerických dolarů (!!!), přičemž nelze přehlédnout nikoliv překvapující skutečnost, že největším podílníkem této investiční skupiny je baron **Nathaniel Rothschild**. Patent byl příslušnému patentovému úřadu podán dne 21.12.2012 a tři dny po zmizení Boeingu MH 370 dne 11.3.2014 byl patent schválen a práva k mikročipu zaregistrována samozřejmě výlučně na společnost Freescale Semiconductor Ltd. již bez čínských inženýrů.

Co říci závěrem kapitoly ? Ano, je to smutné, ale **zrůdná totalita je zpět, tentokrát euroamerická.** Ani to dlouho netrvalo a komunismus v neoliberálním a neomarxistickém hávu obohacený o nově vzniklý americký fašismus se k nám vrátil ze západní Evropy a USA zpět. Tedy odtud, kde se před dvěma stovkami let komunismus a socialismus zrodily. Čili všechno je nakonec logické a pochopitelné a nic překvapivého se v zásadě neděje. **Maličká jiskřička naděje však ještě nezhasla a doutná v nás samotných......**

13. kapitola : <u>Rusko – USA : Návrat k bipolárnímu světu se stal realitou</u>

Monopoly nikdy nebyly prospěšné a konkurence je velice zdravá. Proto je jenom dobře, že se Rusko konečně rozhoupalo a na podzim roku 2015 zahájilo v Sýrii své vojenské angažmá proti islámským teroristům. Že to vyvolalo reakci USA ne nepodobnou píchnutí do vosího hnízda, není třeba příliš hádat. Jednak je to před celým světem jako stávající monopolní supervelmoc a světového četníka zesměšnilo a jednak narušilo americké plány na rozvrat Evropy a její položení na kolena prostřednictvím desítek milionů barevných přistěhovalců z Arábie a Afriky s průměrným IQ 70.

Moskva se svými dodávkami zbraní syrské vládě pod vedením prezidenta Asada sama vrátila do vysoké hry a neumožnila islamistům prorazit k moři, aby vytvořili volný koridor napříč Sýrií ke stavbě strategického produktovodu ze Saúdské Arábie ke Středozemnímu moři. Čím víc informací o situaci v Sýrii přichází, tím jasnější je, proč jsou USA tak podrážděny ruskými akcemi. USA zorganizovaly, vycvičily a vyzbrojily v Sýrii oddíly islamistických opozičních bojůvek k rozvratu syrské ekonomiky a státního pořádku. Během čtyř let občanské války se Asadova armáda boji proti nim značně vyčerpala, ale nevzdala se.

Náborová střediska pod hlavičkami dobročinných nadací, neziskových organizací, bankovních poboček, investičních fondů a dalších amerických finančních institucí začala organizovat a financovat dodávky migrantů z Blízkého východu a Afriky do Evropy. Zástupci těchto institucí financovaných Sorosovými, Rockefellerovými, Rothschildovými a dalšími penězi slibují svým cestujícím obětem, že v Evropě obdrží rodinné domy, auta, za manželky blondýny a budou žít bezpracným životem. Mladí a bezelstní Afričané a Arabové jim to ochotně věří a vydávají se na cestu. Turecko jako věrný spojenec USA a NATO v boji proti Asadovi náhle otevřelo své příhraniční koridory uprchlíkům, kteří získali bez jakýchkoliv překážek cestu do nitra Evropy. Koordinovat tok lidí z Turecka do Německa začali na webu Twitter a dalšími komunikačními kanály také aktivisté za lidská práva z USA a Británie. To vše se stalo a událo za výbuchů amerických bomb a granátů, které stále častěji padají nikoliv na vojska Islámského státu v Sýrii a Levantě (ISIL), ale na syrské civilisty a civilní objekty. Potom následují farizejská prohlášení amerického ministerstva zahraničí a evropských politiků, že na této humanitární katastrofě nese vinu Asad, s nímž je čas skoncovat. Mohlo by se zdát, že půda je imigrantům připravena. Zvláštní operace by mohla začít z týdne na týden. Američané připravovali na podzim roku 2015 novou generální ofenzívu spřátelených syrských protivládních jednotek. Počítali i s připojením se teroristů z Islámského státu na jejich stranu. Dokonce již začali sestavovat koalici evropských zemí k poslednímu útoku na Sýrii, resp. i k možnému definitivnímu zničení Damašku pěchotou členských států NATO. Nicméně platí zásada, že medvěd by se neměl porcovat, dokud ještě běhá po lese.

Protože najednou překvapivě pro celý svět začaly v Sýrii přistávat desítky ruských vojenských dopravních letounů s bojovou technikou, potravinami a léky. A po moři připlouvaly lodě pod ruskou vlajkou se stejným nákladem. Na zkoprnělý Washington, byť musel být Rusy dozajista předem informován, byl úspěch a logistika celé operace bleskem z čistého nebe. Analytici CIA a Pentagonu soudili, že Rusko zabývající se ekonomickými sankcemi a podporou bojovníků v ukrajinském Donbasu nemá nyní čas ani pomyšlení na operaci v Sýrii. Vzhledem k tomu byl také vybrán okamžik pro útok na likvidaci Asada jako před ním na Kaddáfího a Husajna. Ruské vojenské síly místa své dislokace v Sýrii začaly svižně opevňovat. V Tartous, na místě s již dlouho umístěnou technickou obsluhou ruského námořnictva, se usadilo vojenské námořnictvo. Na letišti v Latakii zase specialisté letectva a protivzdušné obrany. Ruští důstojníci začali školit své syrské protějšky na souši, na moři i ve vzduchu. V podstatě dnes můžeme hovořit o kombinovaném námořním a leteckém vojenském předmostí Ruska na pobřeží Sýrie.

Vítaný ruský pilot a ruské letectvo v Sýrii

Syrské strategické objekty jsou zabezpečeny protiletadlovými raketovými systémy protivzdušné obrany S-300 a Pancíř. V sestavě syrského letectva se objevily modernizované stíhačky Suchoj a MiG, v jejichž kabinách sedí v Rusku vyškolení syrští piloti. Operace zabránila ilamistům prorazit k moři, čímž by měli možnost obchodovat s pašovanou ropou výměnou za zbraně. Asadova armáda začala svírat ISIL na všech frontách a Američané byli odsouzeni do rolí statistů a přihlížejících diváků. Moskva podnikla odvážný a silný tah, který znovu postavil USA do nevýhodné mezinárodně-politické pozice. Bránění Rusům podporovat syrskou armádu v boji proti ISIL by znamenalo postavit se otevřeně na stranu teroristů. Jakýkoliv vojenský kontakt Ruska se USA by měl za následek fatální válečný konflikt, což si Amerika nemůže dovolit. Žádná hlava Asada nestojí za konflikt jaderných mocností. Proto USA a Evropě zůstává jediná možnost - smířit se s přítomností Ruska v Sýrii a spolu s ním bojovat jednotnou frontou proti ISIL.

Rusové se zády krytými mocnou Čínou představili na tomto blízkovýchodním bojišti také své křídlaté rakety vypuštěné z válečných lodí v Kaspickém moři vzdálených od Sýrie 1500 kilometrů, což vyvolalo v Pentagonu nepředstírané zděšení. Rusko poskytlo syrské armádě i termobarickou zbraň nazvanou familiérně Sluneční záře, kterou byli protivládní teroristé docela zaskočeni a začali prchat pod ochranná křídla našeho severoatlantického spojence Turecka. Například v syrské provincii Kunajtra v Golanských výšinách se vládnímu vojsku vzdal oddíl zhruba padesáti bojovníků Islámského státu poté, co byl zlikvidován jejich velitel Mudžahida ibn Zara. Jejich výslechem bylo zjištěno, že byli vycvičeni v amerických táborech, a to v provincii Dzejr ez Zor a na západě Sýrie ve městě Ad dar al Kabira. Byli vycvičeni na diverzní činnost proti strategickým místům syrského státu. Mají na svědomí výbuchy vládních budov v Damašku a teroristické činy ve městě El Hasake. Chtělo by dodat parafrází na americký reklamní slogan - teroristy dodáme na počkání a na klíč i s donáškou do domu, platba na fakturu, záruka tři roky, váš prezident USA Barack Obama, nositel Nobelovy ceny míru. Syrská vládní moc provádí v roce 2016 dočišťovací vojenské operace. Zdecimovaní teroristé se postupně vzdávají a prosí o milost nebo v přestrojení za ženy ze Sýrie mizí. První váleční uprchlíci se pomalu začínají vracet do svých domovů. Možná nastane v tomto státě po čtyřech letech opět blahodárný mír. Možná však jen do příští americké agrese.

Je jasné, že v minulých letech se Rusko nechalo ukolébat dlouhým obdobím relativního klidu v Evropě, spokojený prezident Putin - nic zlého netuše - se v září televizních reflektorů bezelstně věnoval své zimní olympiádě v Soči v roce 2014. Ale Američané nespali a ani nemohli, protože Damoklův meč státního bankrotu a pádu dolaru hrozí stále zřetelněji. Proto s vidinou zničující války v Evropě dobře na Ukrajině zainvestovali a v té samé době lehce vyprovokovali vzpouru známou jako kyjevský Majdan s následnou krvavou občanskou válkou s ruskou národnostní menšinou na východě Ukrajiny. A pak se to v Evropě začalo sypat jedno po druhém, že najednou ruská administrativa nevěděla, kam dřív skočit. Jenom obrovská odstrašující síla ruského jaderného arzenálu, aktivní diplomacie a ruská zdrženlivost válečné choutky ekonomicky krachujících USA zkrotila, takže pravděpodobnost fatální války velmocí v Evropě byla poněkud snížena, ale rozhodně ne zažehnána.

V této souvislosti si dovolme vůči Rusku takovou impertinentní výtku. Škoda, že byly ruská diplomacie a generalita pasivní v případě libyjského státního převratu vyprovokovaného osvědčeným standardním americkým postupem prostřednictvím vojenské podpory a financování opozičních struktur a znesvářených kmenů. Rusové, kteří prostor severní Afriky dávno opustili, se zde nechali zaskočit gentlemanským slibem Bílého domu, že v Libyi Amerika intervenovat nebude, avšak tato bezelstnost se nevyplatila a překvapená ruská politika na ni nedokázala adekvátně zareagovat. Pokud by totiž Rusko jasně deklarovalo, že libyjský vůdce Muammar Kaddáfí je pod ruskou ochranou, což by vzhledem k historickým konsekvencích z éry sovětského impéria nikoho nepřekvapovalo, nemusel Kaddáfího režim bránící vstupu afrických přistěhovalců padnout, z Libye by se nestala tranzitní země připomínající spíše lázeňské korzo ekonomických migrantů ze subsaharské Afriky, kterou tito procházejí jako nůž máslem a ve statisících zaplavují Evropu z jihu. Ale jak se odjakživa traduje, všechno zlé je pro něco dobré. Dneska díky tomu nemusíme spekulovat, zda se nenáviděná Evropská unie rozpadne nebo ne, ale můžeme se věnovat sázkám, kdy k tomu definitivně dojde a za okolností jakého počtu ilegálních invazivních migrantů, který se stane onou pověstnou poslední kapkou způsobující přetečení poháru trpělivosti Evropanů.

Oproti tomu Rusko zcela jasně poznalo, že cesta Evropy směrem k neomarxistickým destruktivním pseudohodnotám je cestou do záhuby, proto se do jeho politiky vrátila tradiční carská pravicovost s kapitalistickými konzervativně-liberálními prvky. To se projevuje návratem k tradičním křesťanským západním hodnotám - rodina, křesťanství, vlast a národ. Rusko zavedlo pravicovou ikonu nízkou rovnou daň, usnadnilo registraci politických stran a hnutí, zavedlo kontrolu nad zahraničními neziskovými organizacemi (stejným zákonem jako v USA), popřevratové ruské oligarchy zařadilo do veřejnoprávního rámce a jejich nikým nevolenou politickou moc paralyzovalo.

Dnešní sebevědomé Rusko podporuje tradiční západní křesťanské hodnoty, navazuje na národní tradice z doby carismu. Upřednostňuje pravoslavnou církev, dotuje stavby a opravy kostelů, všestranně podporuje rodinu, manželství muže a ženy, děti, proto rozdává zadarmo pozemky na stavbu rodinných domů. Má vyrovnaný státní rozpočet a zcela minimální státní dluh. Dále zastavilo propagaci homosexuálů (stejným zákonem jako Velká Británie), LGBT, feminismu, globálního oteplování a environmentalismu, politické korektnosti, genderismu, multikulturalismu, atd. atd. Tady prostě není co řešit, Rusko je pravice a Západ je levice.

Pravoslavný ruský kostel

Co k tomu závěrem kapitoly dodat ? Starší pamětníci v bipolárním světě dvou jaderných velmocí SSSR a USA vyrostli a značnou část života prožili, tudíž jim tato mocenská konfigurace světa nepřijde nijak zvláštní. Ačkoliv jsme samozřejmě museli čelit i „nepohodlí" vyplývajícímu z příslušnosti k východnímu bloku, jedno bylo garantováno : **Byl totiž mír.** Dnes po 25 letech dominance Spojených států kamuflované pod falešnou zástěrkou multipolárního světa musíme s povděkem konstatovat, že vystoupení emancipovaného Ruska zpoza opony na hlavní světové jeviště je krokem správným směrem. Inu, konkurence je jako očistná lázeň a zákazníci, tedy my evropští obyvatelé, na ní jen vyděláme. Zkusme si tedy světovou bipolaritu velmocí zase žít, byť plynutím času trošku jinak a v pozměněném gardu hlavních protagonistů – socialistické a fašistické USA a pravicově konzervativní Rusko.

14. kapitola : Apokalyptický osud Evropanů podle plánů americké oligarchie

Krok za krokem se začínají naplňovat obavy realisticky uvažujících Evropanů, co nás čeká následkem přílivu desítek milionů nekompatibilních etnik a náboženství, jak naplánovala americká vláda s oligarchií z FEDu. Národní vlády, orgány Evropské unie, americká administrativa a s nimi spolupracující státní i nestátní subjekty směřují podle všeho vývoj vývoj k jedinému cíli – **vyvolání rasové a náboženské války v Evropě.** Národní státy nebudou s to financovat a organizovat stále rostoucí nároky na živobytí a zaopatření dalších a dalších milionů invazních cizinců z Blízkého a Středního východu a z Afriky, kteří se budou stále vehementněji domáhat splnění slibů o bezpracném vlastnictví rodinného domu, automobilu a bílých žen. Vedle toho islámští vůdci sní svůj dávný sen o porobení Evropy, což se nikoliv podivuhodnou shodou náhod shoduje i s americkými národními zájmy. Američané vyzbrojí své islámské spojence zbraněmi, které jsou už dnes připraveny na amerických vojenských základnách v Evropě a v případě další potřeby zřídí letecký most mezi evropským a americkým kontinentem. Milí bezelstní Evropané, autentická apokalypsa je, zdá se, nevyhnutelná.

Co této blízké apokalypse předcházelo ? Těmto zločincům se naskytla příležitost v roce 1990, kdy z Gorbačovovy prvotní snahy restrukturalizovat zejména hospodářské principy východního bloku perestrojkou nakonec vzešla úplná kapitulaci sovětského komunistického bloku. Jednalo se zejména o zrušení Varšavské smlouvy na pouhé čestné slovo, že se NATO jako stávající protiblok sice rušit nebude, ale že se též nebude rozšiřovat zejména na východ. Následné velmi hloupé a naivní otevření východního trhu Západu, vedlo k zničení na konkurenci nepřipraveného východního průmyslu, včetně toho, který již přešel do soukromých rukou, ale ještě se nestačil stabilizovat. Posledním hřebíčkem do rakve ekonomického kolapsu východu bylo zrušení Rady vzájemné hospodářské pomoci (RVHP), které čistě na základě politického rozhodnutí nových vlád původního východního bloku zcela zpřetrhalo veškeré vzájemné obchodní vztahy.

Jaká se těm pravým agresorům v pozadí naskytla příležitost po roce 1990 ovládnout a skrze dolar a Mezinárodní měnový fond zotročit celý svět ! Již v roce 2000 se jim muselo zdát, že mají plně vyhráno. Východní Evropa pod kuratelou dosazených poslušných marionet, západní Evropa ovládaná Evropskou komisí z Bruselu. Rusko v troskách, jen dotáhnout úplné vykradení bohatství Sibiře, Čína úspěšně vykořisťovaná, z velké části stále velmi chudá. Pákistán pod kontrolou, Indie neškodná a těch pár států v jihovýchodní Asii nestálo ani za zmínku. Severní Korea jako obklíčený skanzen brežněvovského typu je k smíchu a bez čehokoli kořistnicky zajímavého. Rozvrat nebezpečně samostatné vícenárodnostní Jugoslávie byl hračkou pro malé děti. O Africe bylo bezpředmětné se pro její bezbrannost vůbec bavit a Jižní Amerika již léta úspěšně kontrolovaná jednak drogovými kartely, jednak loutkovými režimy anebo zahnaná do neřešitelné chudoby. Už stačilo jen dorazit těch několik arabských států, které ještě seděly na ropě a předstíraly, že provádějí politiku stále ještě podle vlastních not.

Arogance zločinců z těch nejvyšších pater vlády a oligarchie USA již byla tak daleko, že jejich hlavní stratég **Zbigniew Brzezinski** (nar. 1928 ve Varšavě) vydává v roce 1997 svou nejznámější knihu Velká šachovnice, kde zcela otevřeně popisuje, jak to s tím Ruskem úspěšně sehráli a jak jej během nejbližší doby ještě pro jistotu rozdělí na několik dalších ministátů, které pak již ovládnou nadobro. Poté zaoceánští oligarchové spustili svůj velký plán, jak zatočit se stále vzpurnými Araby, kteří navíc vytrvale vyhrožují hebrejské izraelské domovině řady jejich soukmenovců a kolegů ze zločinecké kliky. V Rusku se sice v roce 2000 stal prezidentem nějaký neznámý Putin a o něco divného se tam začal snažit, ale kdo by se tím zabýval ? Rusové dle nich byli již na kolenou, že se stejně neměli šanci zvednout a tak jako tak toho divného Putina zakrátko nahradíme tím sympatickým Chodorovským.

Takhle jednou odpoledne v čase indiánského léta roku 2001 běžný Evropan sleduje televizní vysílání a co to tam neběží ? Záběry dvou newyorských mrakodrapů a z jednoho se valí dým a za chvíli i z druhého, až se oba zřítily ! Média odvysílala to, co měla, policie vyšetřila, co vyšetřit měla, trosky ocelových konstrukcí zmizely v čínských vysokých pecích rychlostí blesku, viníci byli zjištěni, vždyť na chodníku vedle spáleniště přece ležel nedotčený teroristův pas, jež mu při pilotáži po nárazu do budovy vypadl z kapsy. Svět byl šokován, nakoupení experti vše věrohodně zdůvodnili a hurá na ty proklaté Araby. Skoro celé NATO se přidalo, takže ne USA, ale celý svět jim to šel vytmavit. Že podle nalezených pasů usvědčení zločinní únosci jsou ze Saudské Arábie, která je spojencem Západu ? To je nepodstatný detail. Od toho tu máme experty na vykládání pravdy. Jedině Afghánistán a Husajnův Irák byli aktuálně našimi nepřáteli. Vše běželo jako po drátkách. Školákům byly vydány nové učebnice, Hollywood natočil pár srdcervoucích a uplakaných filmů o statečných pouštních vojácích a mohlo se pokračovat. Ale pak se to všechno začalo zadrhávat.

Útoky na budovy Světového obchodního centra (WTC) v New Yorku 11. září 2001

Podle stavebních a leteckých odborníků a dále podle řady dalších svědectví někdo dokázal zcela v rozporu s fyzikálními zákony platnými v naší sluneční soustavě docílit, že po nárazu letadel do dvou mrakodrapů a běžném požáru ke všeobecnému údivu spadly mrakodrapy tři. Začalo být jasné, že teroristi v těch letadlech takové škody způsobit nemohli. Nepřímo bylo tudíž průkazné, že tento zločin na vlastních lidech museli provést rovněž občané USA, a to vzhledem ke složitosti příprav takové operace občané zastávající velmi vysoká vládní místa.

Komplikace se však zločincům z nejvyšších pater vlády USA začaly kupit. Podceňovaný Putin se ukázal jako nečekaně tvrdý oříšek, stále ne a ne Američany poslouchat. V den zahájení olympiády v Číně v srpnu 2008 poslušný gruzínský prezident Saakašvili sice na rozkaz ze zámoří a v očekávání přijetí do NATO plnou palebnou silou zaútočil na proruskou Jižní Osetii. Ale ruský medvěd na něj zcela oproti předpokladům druhý den nastoupil s takovou razancí, že za týden neměla Gruzie ani vzduchovku. Média sice poslušně celosvětově ronila krokodýlí slzy a pohádky o „agresivním Rusku", které napadlo mírumilovného demokratického souseda, ale nakonec vše raději ututlala do ztracena. Proklatý internet již ukázal svou informační sílu.

Další komplikace nastala hned v říjnu stejného roku 2008, kdy se v USA provalily hypoteční podvody. Následkem toho bylo nutno zcela odepsat jednu z pilířových bank dolarového systému a zbývajícím bylo nutné z centrální dolarové tiskárny FED dodat neuvěřitelné objemy zbrusu nově vytištěných ale ničím nekrytých zelených papírků s nápisem americký dolar. Zatím se ještě tento dotisk dokázalo rozpustit v celosvětovém oběhu této měny, ale z původně útočné operace, která začala 11.9.2001 za účelem dotažení do úspěšného finále dobytí celého světa jedinou celosvětovou vládou úzké skupiny zejména amerických oligarchů, se najednou začala stávat válka o jejich přežití. Respektive o přežití jejich hlavního nástroje zotročování, tedy amerického dolaru jako všem na Zemi povinné celosvětové měny.

Libyi se ještě v roce 2011 zlikvidovat podle plánu podařilo. Uniklé e-maily americké státní tajemnice Hillary Clintonové nám nyní s odstupem času prokazují, jak a kdo destrukci Libye řídil. Vyplývá z nich, že nejde o standardní instrukce, jak manipulovat tupé stádo lidu vlastního, ale přímo o raporty o proběhnuvších masových vraždách Libyjců nájemními vrahy najatými vládou USA. Prý za to Clintonovou v USA obžalují. Ale to sotva, protože je v roce 2016 hlavní kandidátkou americké plutokracie na prezidentku USA. Problémem však je, že Clintonová je jen malým kolečkem v celé struktuře kriminálních zločinců, kteří uchvátili vládu nad kdysi svobodnými Spojenými státy americkými.

Opět na vlastních nohách vzpřímené Rusko a hospodářský boom prožívající Čína, jakožto největší americký věřitel, na likvidaci Libye samozřejmě ve vlastním zájmu zareagovaly. Velmi intenzivně začaly tyto státy pracovat na dedolarizaci. Ve velmi krátké době zakládají spolu s Brazílií, Indií a Jihoafrickou republikou mezinárodní sdružení **BRICS**. Následuje mezinárodní nedolarová asijská investiční banka AIIB, čímž se zrodil přímý konkurent MMF ovládaného USA. Jak Čína tak i Rusko začaly horečně zbrojit a mají k tomu mnoho důvodů. Írán se tím pádem již rozvrátit nepodařilo, Asadova Sýrie měla již několikrát zcela na kahánku a určitě agresi Západu díky pomoci Ruska přežije. Hospodářsky zničit se ji ale přesto Západu podařilo dokonale.

Mezitím se ještě proti původnímu plánu amerických zločinců v kravatách podařilo v roce 2014 zcela rozvrátit Ukrajinu jako následek snahy provokovat Rusko k útoku na ni kvůli ochraně rusky mluvících ukrajinských občanů. Americkým cílem bylo celosvětově ukázat prstem na Putina jako na zločinného agresora, který přepadává své sousedy a rozpoutat takovou menší regulovanou třetí světovou válku pod hleslem - Celý svět proti Putinovi a Rusku. Bohatství Sibiře a Dálného východu by pak bylo lstivě ukořistěno v rámci osvobození ruského lidu od diktátora a dolarové panství nad celým světem tímto plánem zachráněno. Nic nového, protože totožný plán byl už realizován v roce 1917 za vzorné spolupráce sovětských předáků Lenina a Trockého. Avšak ke smůle jeho zaoceánských autorů se v roce 1924 objevuje na východní scéně ostrý Gruzínec Džugašvili řečený Stalin.

Nouzové řešení v podobě Američany nařízených protiruských sankcí těmto západním zločincům opět nevyšlo, když naopak Putinovu Rusku vytvořili podmínky k odstavení evropských dovozců potravin z ruského trhu a nastartovat tak vlastní spotřební a potravinářský průmysl. Ti, co stáli v pozadí útoku z 11. září 2001, kdy do oněch letadel opravdu nějaké užitečné sebevražedné arabské idioty posadili, jsou hlavními viníky apokalypsy, která se na nás nyní řítí. Vytvoření obrovského celosvětového tlaku na zahájení mezinárodního vyšetřování pravých příčin a organizátorů útoků z 11.9.2001 je v těchto dnech nanejvýš aktuální.

Když si srovnáme všechny kroky české vlády a orgánů EU i vlády USA za poslední tři roky, tak jednoznačně směřují jedním jediným směrem – **k přípravě na současnou i budoucí plánovanou cizineckou invazi a k omezení práv občanů,** abychom se my Evropané nebyli schopni bránit. Dochází ke zcela bezprecedentním zásahům do lidských práv a občanských svobod (např. ostrakizace a kriminalizace občanů za názor, volební právo cizincům, rezignace státní moci na ochranu hranic, atd.). Ideologická cenzura a válečná propaganda v televizi, rozhlase i v prorežimních médiích se začínají rozbíhat do vysokých otáček, když první přípravy byly provedeny už během ukrajinské občanské války v roce 2014.

Ačkoliv každý den pravidelně a plánovitě proudí do schengenského prostoru **tisíce ilegálních cizinců a kriminálních živlů,** vláda a jí znormalizované sdělovací prostředky úmyslně mlčí, nanejvýš nás zahrnují dojemnými osobními příběhy, které se posléze ukazují jako vylhané. Oproti tomu veřejně činné osoby stavějící se statečně na obranu občanů EU a naší republiky jsou státní mocí a jejími kolaboranty zesměšňovány, umlčovány a dehonestovány. Establishment a provládní sdělovací prostředky vymývají mozky občanů falešnou ideologií o tzv. nových evropských hodnotách založených na euroamerickém neomarxistickém multikulturalismu, politické korektnosti a homosexualismu a ostentativně odvrhují naše tradiční západní křesťanské hodnoty, na nichž byla naše civilizace založena a dosáhla úspěchů.

Probíhají přípravy na další omezení svobody slova na internetu a ve sdělovacích prostředcích, přijímají se zákony na odzbrojení občanů **omezením držení střelných zbraní.** Dochází k účelovým personálním čistkám v bezpečnostních sborech a zpravodajských službách a k dosazování režimu loajálních úředníků, naštěstí díky našemu prezidentu Zemanovi zatím ne v armádě. Začala infiltrace obyvatelstva konfidenty, zvedají hlavu síly prosazující zřízení speciálního státního zastupitelství s mimořádnými pravomocemi. Jsou patrné iniciativy zavádět drakonické tresty k odstrašení občanů klást odpor.

Vlastizrádná státní moc vzorně kolaboruje s bruselskou centrálou a do puntíku plní příkazy našeho amerického protektora, aby cizinecká invaze do celé Evropy probíhala nerušeně jako po drátkách. Vláda poslušně a bez reptání přijímá roli vazala cizí mocnosti, ztotožňuje se s **umělým vytvářením vnějších tzv. nepřátel** (Rusko, Čína), od nichž nám žádné nebezpečí nehrozí, přičemž reálná a akutní rizika islámského teroru vědomě bagatelizuje, a to s cílem odvést pozornost znepokojeného obyvatelstva od aktuálních fatálních nepezpečí. K odvrácení pozornosti občanů od národní sebezáhuby a k **vytvoření vnitřních nepřátel** slouží i uměle vyvolaná a zrovna na tuto kritickou dobu načasovaná zatýkání veřejných činitelů kvůli údajné korupci, ačkoliv její míra patří u nás k nejnižší na světě.

Státní moc jistě neopomene včas vyprázdnit věznice, aby se uvolnila místa k **internaci politicky nepohodlných osob**, a propuštěné kriminální živly využít jako katalyzátor rozvratu společnosti. Je jenom otázkou času, kdy se vláda rozhodne vydat nařízení k odevzdání osobních zbraní policii i uzákonit výjimečné tresty za jeho neuposlechnutí. Vedle toho jsou známy informace o zvýšených aktivitách americké armády v Evropě, zejména doplňováním vojenské výzbroje o **ruční palné zbraně a střelivo**, určených nepochybně k jejich rozdávání islámským bojovníkům a teroristům. Již nyní přicházejí ze zahraničí zprávy o vědomé beztrestnosti islamistických cizinců za spáchané trestné činy, zejména za **znásilňování žen a dětí**, a o úmyslné nečinnosti orgánů státní moci jejich zakrýváním. Lze očekávat, že v případě nutnosti bude zajisté vyhlášeno i stanné právo či výjimečný stav. Zejména pokud by se vyskytly snahy zoufalého obyvatelstva vzít osud do svých vlastních rukou a přes odpor vlády a jejích kolaborantů se svépomocí bránit před násilníky a lupiči se zbraní v ruce, protože lze počítat s absurdní realitou, že policie bude vědomě nečinná a na své zákonné povinnosti nuceně rezignuje.

Jeden člen koaliční vlády P. B., nominant KDU-ČSL, se dokonce explicitně vyslovil, že od přistěhovalců nemůžeme dodržování našich zákonů požadovat a že **české ženy by neměly sexuálním potřebám černochů a muslimů a započetí dětí s nimi odporovat**, ale poddat se jim. Tento zvrácený výrok předního českého politika je zcela v souladu s nacistickou propagandou Hitlerovy Třetí říše. Ta v duchu hesla Vše pro matku a dítě (německy Alles für Mutter und Kind) nařídila německým ženám porodit 10 dětí jako potravu pro nacistické válečné vraždění. Později sice nacisté tuto povinnost snížili na potomků šest, ale pro jistotu rozpustili v německé říši všechny ženské organizace (např. Spolek pro volební právo žen), které by se z toho diktátorského rámce vymykaly. Ženské funkcionářky byly odvlečeny do koncentračních táborů, německým ženám nacisté zakázali studovat na vysokých školách, ženy zastávající významnější a vedoucí pracovní místa byly propuštěny z úřadů, ministerstev a institucí, protože podle nacistické propagandy ženy patří jen mužům. Dokonce ředitel Hitlerovy kanceláře Martin Bormann (1900-1945) připravoval podmínky pro zavedení mnohoženství. Podobnost s islámskou ideologií není vůbec náhodná.

Národní armády a naši spojenci v NATO nás vůbec nebrání, ale naopak ohniska občanských nepokojů v kritických regionech Afriky a Arábie ještě paradoxně rozdmychávají. Stabilizující ruské vojenské angažmá proti islámským teroristům v Sýrii je prorežimním mainstreamem a vládní propagandou zcela absurdně odsuzováno. Dosavadní formálně existující systém ochrany vnější schengenské hranice totálně zkolaboval. Řecko a Itálie na povinnosti převzaté smlouvou o jednotném schengenském prostoru zcela trestuhodně rezignovaly. Ačkoliv je všude na světě pašeráctví lidí považováno za trestnou činnost, plavidla a majetek převaděčů nejsou ani zabavovány ani likvidovány, ale naopak pachatelé této kriminální činnosti se těší veřejné podpoře. A tak bychom mohli pokračovat dál a dál. Zkrátka, jsme očitými svědky absolutního rozvratu právního státu a Evropské unie. Pamětníci proživší doposud většinu svého života v čsl. komunistické totalitě jsou maximálně šokováni a zděšením jim doslova padají brady. Pohříchu, něco takového si ani českoslovenští komunisté nedovolili. Jak vidno, nečekají nás zrovna dobré časy a máme se tedy skutečně na co „těšit"!

Krok za krokem se tedy začínají naplňovat obavy realisticky uvažujících Evropanů, co nás čeká za apokalypsu následkem přílivu desítek milionů nekompatibilních cizích etnik a náboženství. Čtenáře jistě znepokojuje synchronizovaná absurdní nečinnost EU, USA, NATO i jednotlivých národních vlád (až samozřejmě na statečné Maďarsko a zčásti Slovensko) směrem k občany požadovanému bezodkladnému zabránění ilegální imigrace. Současně jsou oproti tomu do očí bijící koordinované aktivity těchto subjektů k nepokryté podpoře a akceleraci ilegálního přistěhovalectví a k potlačování protestního vystupování zoufalého obyvatelstva. Vládní síly národních států i orgány EU nasadily v relevantních mainstreamových médiích propagandu toho nejtěžšího kalibru srovnatelnou s vymýváním mozků v éře komunistického východního bloku.

Pokusme se na základě těchto výchozích předpokladů a očekávatelného chování hlavních světových hráčů učinit prognózu dalšího vývoje v ČR a Evropě. Je pohříchu historicky obdobná jako v Evropě před osudným Mnichovem roku 1938. Tehdy naše vláda také občany zradila a naši západní spojenci čsl. republiku také tehdejšímu nacionálně socialistickému vůdci obětovali. Bohužel se historie opakuje, protože jako i tehdy vojákům a hrdinům zbyl jenom vztek, protože chtěli republiku před Hitlerem bránit, ale nesměli. A já věřím, že by i ubránili, samozřejmě s pomocí ostatních protinacisticky angažovaných Evropanů.

Ani naše domácí situace příliš nadějí nevzbuzuje. Zejména se u nás vyskytují zvenčí podporované vlastizrádné a kolaborantské síly, jejichž naděje se upínají k milionu přistěhovalců do republiky a aspoň 100 milionů do celé EU. Moje prognóza je taková, že mezi Čechy se bohužel nenajde jediný člověk, který bude mít k obraně národa, státu a jeho občanů před invazí masovou podporu, protože většina lidí se státní moci a její perzekuce bojí a občanských svobod se vzdají.

Je asi každému realistovi jasné, že pokud se v Praze nebudou pravidelně konat nejméně **statisícové demonstrace** a v ostatních velkých městech aspoň dvacetitisícové, tak loutková vláda i americké velvyslanectví mohou být v naprostém klidu. Toužebný pád vlády a vypsání předčasných voleb naprosto nehrozí, proto žádné protektorské intervence nebude třeba ani plánovat. Na počátku září 2015 slibně nastartovaná Klausova občanská iniciativa z vnějšího pohledu vyšuměla do ztracena. Řádné sněmovní volby jsou až na podzim roku 2017, což je vzhledem k dramatickému a překotnému vývoji enormně dlouhá doba. Jisté preference naznačí volby na podzim 2016 do krajských zastupitelstev a třetiny Senátu, ale to je všechno pozdě. Vlastenecké a protivládní síly se tříští až k marginalizaci, což osazenstvo Strakovy akademie nenutí brát veřejné mínění příliš na vědomí a svou faktickou pozici protektorátní vlády může plnit i bez aktualizovaného mandátu voličů.

Odhaduji, že až se do tří let Evropa zaplní oněmi naplánovanými desítkami milionů muslimů a černochů, že vypukne **rasová a náboženská válka s nemalým počtem obětí.** Až tehdy můžeme očekávat vnější pomoc, protože sami se shrbení a přikrčení (až na pár nejstatečnějších jednotlivců v odboji) na nic tradičně nezmůžeme. Pomoc přijde z Východu a osvoboditelé budou nejen Slované, ale vojáci budou mít i šikmé oči.

Základem dnešního tristního postavení evropských národů je příslušnost do sféry amerických národních zájmů. A ty hrají a budou hrát první housle. Evropská unie se v těchto kritických časech ukázala být pouhou převodovou pákou k ovládání nás evropských občanů americkým impériem. Je třeba totiž primárně **zabránit americkému státnímu bankrotu a pádu dolaru**, k čemuž je nezbytná válka v Evropě. Dodávkami zbraní a vojenského materiálu, potravin, obuvi, oblečení, automobilů, energií, výpočetní techniky, atd. bude americká bankovní a zbrojní oligarchie finančně a materiálně uspokojena, krachu dolaru a amerického státu se zabrání. Sice na úkor zničené Evropy a hromad mrtvol, ale to majitele americké centrální banky FED jako světového monopolního dodavatele válek a ozbrojených konfliktů „na klíč" vůbec netrápí. Délku tohoto období nejsem schopen odhadnout, protože americké dluhy jsou astronomické.

Bývalý šéf Účetního dvora Spojených států amerických **David Walker** koncem roku 2015 řekl, že státní dluh USA není oficiálně přiznaných 18,5 bilionu dolarů, ale fakticky šokujících **65 bilionů dolarů**. Proto tedy musejí Američané s tou imigrantskou invazí tak spěchat, protože potřebují urychlit vývoz zboží, služeb, práce a kapitálu do Evropy. Podle globalizačních plánů je třeba rychle Evropu oslabit a dostat ji do kolen, aby nebyla schopna vývozu a americký problém je vyřešen. Nicméně je vysoce pravděpodobné, že Spojené státy se samy konfliktů mezi bílými Evropany a barevnými přistěhovalci aktivně nezúčastní. Pouze budou oběma stranám dodávat výše uvedené komodity a předpokládám, že k jejich transportu zákazníkům budou využívat své dosavadní vojenské základny na evropském válčišti.

Je jasné, že rozvrácená a krvácející Evropa se ocitne v rozporu s ruskými a asijskými zájmy, proto tyto mocnosti nám se zvládnutím vzniklé apokalypsy časem pomůžou. Samozřejmě k tomu bude nutný souhlas USA podmíněný jejich dominantním postavením při obnově zničené Evropy. Otevřenou otázkou zůstává, zda Američané budou v té době uspokojeni jen svou ekonomickou stabilizací a konjunkturou následkem válkou oživeného exportu nebo zda budou dále pokračovat v násilném prosazování svých dlouhodobých plánů na ovládnutí celého světa. Ale zde se lze přiklonil k té optimističtější variantě, že totiž jaderná síla a vojenská připravenost Ruska a Číny jim ve vyvolání třetí světové války zabrání. Protože to by nemuselo dobře dopadnout ani s příslušníky oněch všeobecně známých deseti rodinných dynastií majetkově ovládajících FED.

Poté podle mého názoru nastane ještě další fáze, a to **živelná pomsta vlastizrádců a kolaborantů** za jejich hříchy, zejména příslušníků establishmentu, tzv. neziskových organizací a ostatních osob politicky sdružených ve známé pražské kavárně. Je tedy vysoce pravděpodobné, že poteče další krev. Současně tipuji, že celkem logicky nastane divoký odsun barevného obyvatelstva se vším negativním, co k tomu patří, protože rozvrácené státní struktury nebudou mít síly ani prostředky k repatriaci organizované. Inu, jak se výstižně říká, kdo seje vítr, sklízí bouři.

Závěrem lze ještě doplnit, že toto imigračně invazní téma je nepochybně velice ožehavé a asi trápí každého poctivého a loajálního občana. Byť se k němu u nás veřejně vyjadřují nejméně desítky píšících autorů, politiků a politologů, ostře vyhraněně protirežimních není příliš, odhadem kolem deseti. A když přidáme ještě další vylučující kritérium, že kritika současného neomarxistického a levicově liberálního režimu směřuje z ryzích pravicových pozic, tak se tento okruh autorů zúží sotva na počet prstů jedné ruky. Instinktivně všichni tušíme, že nás nečekají zrovna optimistické časy, protože jsme tlačeni do nebezpečného tunelu. Ale každý tunel má na konci ono pověstné světýlko....

15. kapitola : Proč musel zemřít libyjský vůdce Muammar Kaddáfí ?

Jak vychází najevo, zaoceánští plánovači šílené genocidy evropských národů na ní pracovali celou řadu let, takže je vcelku pochopitelné, že byla rozpracovaná do nejmenších detailů. Úspěšným předpokladem její realizace je zajištění přísunových tras imigrantů do nitra Evropy. Za jednu ze stěžejních cest je považován koridor z centrální Afriky k pobřeží Středozemního moře a odtud trajekty do Evropy, zejména Itálie a Španělska. Nicméně v cestě překážel stabilní režim libyjského vůdce Muammara Kaddáfího. Ten měl z dřívější doby s hlavními představiteli Západu dokonce sjednanou dohodu o vracení afrických uprchlíků, kterou také striktně dodržoval. A protože se dopustil ještě i dalších „hříchů", je celkem pochopitelné, že bylo rozhodnuto o jeho krvavém odstranění. Barnettova americká globalizační doktrína totiž hlásá, že každý, kdo jí bude odporovat, bude zabit. Toto železné pravidlo Američané velice striktně dodržují a žádné výjimky neznají.

Pravým jménem **Muammar Muhammad Abdassalam Abu Minyar al-Gaddafi** (1942-2011) se v roce 1969 se skupinou dalších důstojníků chopil vlády nad Libyí a začal uskutečňovat zásadní reformy ve stylu islámského socialismu, jež byl spojením arabského nacionalismu a marxistického socialismu. Je třeba ovšem objektivně uznat, že si nevedl vůbec špatně. Když Kaddáfí přebíral v roce 1969 vládu, patřila Libye k nejchudším zemím světa, ale v roce 2011 už měla jako nejbohatší africká země nejnižší podíl obyvatel žijících v chudobě z celé Afriky. Během jeho vlády stoupla gramotnost z 10 na 88 procent. Vytvořil zdravotnickou síť na dobré úrovni. Průměrný věk dožití na africkém kontinentě byl nejvyšší v Libyi – muži 75 let, ženy 80 let; tedy vyšší než v mnohé zemi bohatého a vyspělého Západu. Veřejný dluh Libye byl druhý nejnižší na světě.

Muammar Kaddáfí na konferenci ve funkci
libyjského představitele

Můžeme se potom divit, že libyjské obyvatelstvo mělo nejvyšší životní úroveň v Africe? Že produkovalo nejvíc ropy na černém kontinentu? A že hrubý domácí produkt (HDP) na obyvatele činil na africké poměry neskutečných 16.600 USD. Podle oficiálního statistického indexu lidského rozvoje vedeného Organizací spojených národů byla Libye v roce 2010 vedoucí africkou zemí a současně na 53. místě na světě. Další africký stát Tunis byl až osmdesátý první.

Další data. Podpora v nezaměstnanosti činila 730 USD měsíčně, měsíční plat zdravotní sestry byl 1.000 USD, příspěvek při narození dítěte 7.000 USD, nevratná dotace státu na získání bytu pro novomanžele 64.000 USD, cena benzínu 0,14 USD za litr. Dále existovala bezplatná zdravotní péče, povinné školní vzdělání, nájemné za bydlení nebylo stanoveno, platby za energie v domácnosti se neúčtovaly, až polovinu ceny automobilu dotoval libyjský stát.

Před krvavými událostmi v roce 2011 tak dosáhla Libye hospodářské nezávislosti, s vlastní pitnou vodou, vlastními potravinami, svou vlastní ropou, vlastními penězi a svými vlastními bankami. Kaddáfí zahajoval program, jenž měl tento model rozšířit po celé Africe. Z jedné z nejchudších zemí se Libye stala nejbohatší v Africe. Libyjci se podíleli na speciálním systému místní demokracie nazvaném lidová džamahíria. Země se mohla chlubit největším sladkovodním zavlažovacím systémem na světě, který přiváděl vodu z hlubinných vrtů v poušti do měst a pobřežních oblastí. V režii libyjského státu byla postavena doslova umělá řeka, která změnila suché oblasti v obilnici Libye. Letectvo států Severoatlantické aliance (NATO) se proto při bombardování Libye v roce 2011 soustředilo na tuto životně důležitou infrastrukturu a zcela ji zničilo. Západní armády nebombardovaly pouze přiváděcí potrubí, ale vybombardovaly dokonce i továrny na výrobu nezbytných trubek potřebných k jeho opravě. Zničení civilního zavlažovacího systému, který sloužil 70 procentům libyjského obyvatelstva, můžeme velice obtížně označit jako humanitární pomoc a zavádění demokracie.

V roce 2002 stál Kaddáfí u zrodu Africké unie, jejíž snahou je postupná integrace afrických zemí. Na summitu v Addis Abebě v únoru 2009, kde byl zvolen jejím předsedou, se vyjádřil pro projekt Spojených států afrických, což se samozřejmě zemím těžícím z africké chudoby moc nelíbilo. Navíc měla Libyjská centrální banka (CBL) nacházející se pod přímou Kaddáfího kontrolou téměř 144 tun zlata a stejné množství stříbra, celkem za 7 miliard dolarů. Libye tak byla mezi 25 zeměmi světa s největší zásobou drahých kovů. Libye byla pod vedením Kaddáfího nejúspěšnějším africkým státem a to se neodpouští. Rodila se děsivá představa, že by se Libye mohla stát vzorem ostatním Afričanům. Nebo by dokonce mohla být vůdcem panarabské revoluce zaměřené proti USA.

To všechno by snad ani nebylo tak nejhorší, ale skutečně nebezpečným se Kaddáfí stal, jakmile začal zpochybňovat dolar jako platidlo za ropu a zemní plyn tím, že se pokoušel o vytvoření nezávislé africké měny.

V roce 2011 francouzský prezident Sarkozy nazval Kaddáfího hrozbou pro finanční bezpečnost světa, což z jeho egoistického pohledu byla do značné míry pravda.

Za účelem celosvětového sjednocení peněžního systému byl v roce 1944 založen Mezinárodní měnový fond (MMF) a Světová banka. Pravidla MMF uvádí, že žádná národní měna nemůže být kryta zlatem. To učinil v roce 1933 už prezident Franklin D. Roosevelt tím, že zlato do tehdy kryjící dolar nechal nahradit rezervami vytvořenými centrální bankou. Následkem toho peněžní zásoba byla vytvářená soukromě jako dluh, což vyžadovalo neustálý přísun dlužníků. Proto také během poválečných padesáti let většina rozvojových zemí skončila vůči MMF v dluhu. Úvěry MMF byly podmiňovány tvrdými úsporný opatřeními a privatizací veřejného majetku. Spojené státy uzavřely v roce 1970 se státy sdruženými v Organizaci zemí vyvážejících ropu (OPEC) dohodu na podporu dolaru ropou, čímž vznikl tzv. petrodolar. S ropou bylo tedy poté možné obchodovat jen v amerických dolarech, které budou uloženy ve Wall Streetu a dalších mezinárodních bankách.

Kaddáfí si však dovolil podniknout víc, než že pouze prodával ropu za jinou měnu. Po celá desetiletí se Libye a další země pokoušely vytvořit panafrický zlatý standard. Libyjský vůdce a další hlavy afrických států chtěli ustanovit nezávislou unifikovanou celoafrickou tvrdou konvertibilní měnu. Zúčastněné země projednávaly možnost používat libyjský dinár a stříbrný dirham jako jediné možné peníze na nákup africké ropy. Až do nedávné invaze USA a NATO byl zlatem krytý dinár vydáván Libyjskou centrální bankou (CBL), která byla ve stoprocentním vlastnictví státu a zcela nezávislou.

Do roku 2023 mělo dojít ke sjednocení států Afriky s jedinou zlatou měnou v rámci tzv. United States of Africa. Africké země produkující ropu by opustily americký petrodolar a požadovaly za ropu a zemní plyn platby v nové africké měně nebo ve zlatě. To nemohly USA a jejich spojenci připustit, proto Kaddáfí musel odejít na onen svět, jak se před ním z podobných příčin přihodilo iráckému vůdci Saddámu Husajnovi.

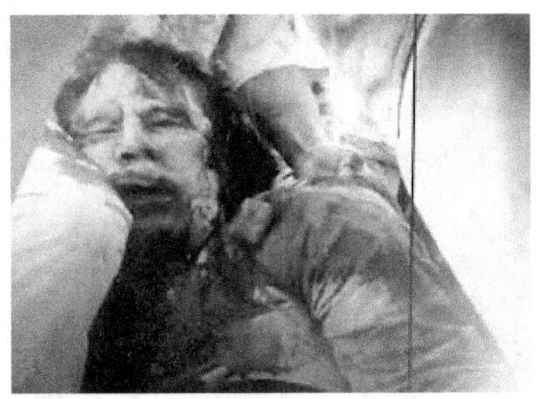

Zlynčovaný Muammar Kaddáfí v říjnu 2011

Vojenská intervence USA a jejich spojenců v NATO se z hlediska jejich zájmů zdařila dokonale. Rodící se nebezpečný vzor nezávislosti afrických zemí a jejich vzájemně prospěšné spolupráce byl zničen. Tento krok NATO nebyl učiněn pro ochranu domorodých libyjských občanů, ale zejména aby zmařil plány Kaddáfího vytvořit zlatem krytou africkou měnu, která by konkurovala západnímu centrálnímu bankovnímu monopolu.

Z e-mailů uniklých z korespondence tehdejší americké ministryně zahraničí Hillary Clintonové vyplývá, že Francií a USA vedená vojenská iniciativa NATO v Libyi byla vedena záměrem získat přístup k většímu podílu na libyjské produkci ropy a oslabit dlouhodobý plán Kaddáfího nahradit Francii jako dominantní moc v africké zemi, zvýšit francouzský vliv v regionu, zvýšit Sarkozyho reputaci na domácí scéně, prosadit francouzskou vojenskou moc a zabránit Kaddáfímu vytvořit na úkor francouzského franku a amerického dolaru měnu krytou zlatem.

Záběry z Libye zničené bombardováním členskými státy NATO v roce 2011

Hillary Clintonová při návštěvě Libye v říjnu 2011 potom mohla vítězoslavně prohlásit : *„Přišli jsme, viděli jsme, je mrtvý!"*. Jenže každá mince má dvě strany. Zničení Libye doposud bránící uprchlickému exodu z rovníkové Afriky do Evropy umožnilo Islámskému státu si v Libyi zřídit základny, které organizují pašeráky se statisíci černých přistěhovalců do Francie. Země galského kohouta tak sama sobě vykopala hrob.

Zrekapitulujme dosavadní informace. Evropě nyní aktuálně hrozí až 25 milionů běženců z celého světa. Co všechno tomuto zlému snu předcházelo? Napřed bylo nutné vytvořit pohodlné nástupiště pro běžence z Afriky. Tím se stala po vyhlášení tzv. bezletové zóny Libye, jak prokázáno výše, suverénně nejbohatší stát Afriky. Majitelé klíčů od Ameriky napřed rozkradli libyjskou ropu, zlato a stříbro, nechali zavraždit Kaddáfího a od té chvíle ovládl tuto severoafrickou zemi totální chaos. O moc bojují dvě znepřátelené vlády, v zemi vznikla i milice hlásící se k Islámského státu s vojenskými základnami. Absolutní rozvrat hraje do karet pašerákům lidí, jejichž lodě kotví v libyjských přístavech. Reakce úřadů není v důsledku jejich slabé moci pochopitelně dostatečná. EU a OSN doufají, že by alespoň nějakou stabilitu v Libyi mohla obnovit politická dohoda, ale mír je zatím v nedohlednu. Proč ? Nikdo z relevantních aktérů ho totiž nechce.

Běženci mají svůj význam, jak zcela zničit Evropu, aby světu vládly dále USA pod vedením jejich plutokracie. Proto bylo třeba opět zatopit pod kotlem, aby to pořádně vřelo, jelikož zima mohla exodus zpomalit. Proto svět děsí jeden atentát za druhým, od Afriky až po Asii, aby obyvatelé těchto zemí v hrůze utíkali před terorem, přičemž na místě operující Sorosovi verbíři je posílají do Evropy. Tisíce atentátů, tisíce jejich nevinných obětí, americká oligarchie je prostě ve svém živlu. Čím víc atentátů a bomb, tím víc běženců, taková je zvrácená logika vražedného multikulturního byznysu.

16. kapitola : Den 8. únor 2015 - zlom a začátek ostré verze destrukce Evropy

Položme si otázku, kdy nastal ten zásadní zlom a došlo k otevření všech stavidel fašistické totalitní americké globalizace a Evropa byla obětována na oltář zájmů USA a jejich majitelů ? Ještě 2. května 2014 kancléřka Merkelová během své běžné návštěvy USA a setkání s prezidentem Barackem Obamou přednáší před americkou obchodní komorou standardní neutrální projev o transatlantických hospodářských tématech a o aktuálních otázkách bilaterálních vztahů a zahraniční politiky.

Vzpomínáme si, že celý rok 2014 se z hlediska masové imigrace nic tak zvláštního nedělo. Sice se do Evropy nějací uprchlíci z Arábie, Středního východu a Afriky trousili, ale jejich počet se nijak neodchyloval od předešlých let. Předtím v červnu roku 2011 prezident Obama udělil Merkelové nejvyšší americké civilní vyznamenání Prezidentskou medaili svobody. V roce 2013 vyšlo najevo, že americká NSA odposlouchávala její mobilní telefon. Ale to jsou takové doprovodné a nijak zvlášť zajímavé jevy ve vztazích mezi dlouholetým německým protektorátem a americkým protektorem.

Ale následující rok 2015 odhalil z amerických pravých záměrů úplně vše. Již v neděli **8. února 2015** se ve Washingtonu uskutečnilo průlomové setkání kancléřky Merkelové s prezidentem Obamou. Lze říci, že tento den se dříve či později zapíše černým písmem do dějin sjednocené Evropy a stane se tragickým mementem evropských občanů, byť podle oficiálního komuniké a tiskové konference o tom nic nenasvědčuje. O čem se v Bílém domě při několikahodinové schůzce ve skutečnosti hlavně jednalo ?

Na stole ležela nejdříve otázka zahájení války USA a jejich NATO s Ruskem. K tomu by byla bývala zcela nezbytná stěžejní podpora Německa a středoevropských vazalů, kteří měli vytvořit široké nástupiště k hlavnímu polnímu tažení směrem na východ. Z rovnováhy vychýlená Merkelová odmítá a s americkým záměrem využít existující ukrajinskou občanskou válku jako záminku k agresi proti Rusku striktně nesouhlasí. Tím americký **Houstonský projekt**, s nímž byla Merkelová již před časem seznámena, prozatím padá pod stůl, protože neúčast německé armády na válce s Ruskem nelze ničím nahradit.

Velká škoda pro Obamu a jeho šéfy z FEDu a řad amerických oligarchů, protože předchozí Harvardský projekt o likvidaci SSSR a východního bloku socialistických zemí byl Obamovými předchůdci v Bílém domě úspěšně splněn. Houstonský projekt je totiž zásadním krokem realizace amerického Nového světového řádu (NWO). Jeden ze spoluautorů projektu **Zbigniew Brzezinski** (nar. 1928) na uzavřeném zasedání řekl, že *„Nový světový řád o hegemonii USA se vytváří proti Rusku, na účet Ruska a na ruinách Ruska. Není pochyb o tom, že Rusko dříve nebo později bude rozbité a půjde pod nucenou správu".*

Další zasvěcený americký činitel armádní generál **Colin Powell** (nar. 1937), v letech 2001 až 2005 ministr zahraničí USA ve vládě prezidenta George W. Bushe, hovoří podobně : *"Rusko musí zapomenout, že má nějaké zájmy v republikách bývalého SSSR. Nedovolíme Rusku* *zasahovat do záležitostí bývalého SSSR, neboť obnovení SSSR nezapadá do strategických cílů vlády USA".*

Speciální část tohoto plánu zahrnuje neblahý osud východoslovanských národů tak, jak to bylo již obsahem Hitlerova plánu Barbarossa. Američané dokonce uvedli v projektu konkrétní čísla o totální likvidaci 300 milionů Slovanů. A spolu s nimi i všech Židů, kteří budou nejprve použiti k rozkolu a zničení slovanských národů a potom je čeká stejný osud. Houstonský projekt plánuje rozdělení Ruska na okupační zóny. Nejcennější území Sibiř má patřit USA, jih Ruska a Povolží Turecku, Dálný Východ Japonsku. Tento okupační projekt se Američanům na rozdíl od předchozího Harvardského projektu tedy už realizovat nedaří, na základě čehož USA viditelně znervózněly a přistoupily k urychlení tempa jeho plnění, jak se jen dá. Samostatné Rusko totiž během posledního desetiletí výrazně zvýšilo životní úroveň svého obyvatelstva, dokázalo vyvinout nejmodernější zbraně a efektivně zmodernizovat armádu, která podle amerického scénáře dnes už neměla existovat.

Dorážející Obama nabízí rozrušené Merkelové a Německu jako odměnu za účast na válce okupační zónu na severozápadě Ruska. Ale ta, vědoma si tragických následků Hitlerovského nacismu a jeho vojenského tažení do Sovětského svazu, stále odmítá. Jistě si také vzpomněla na své poslední setkání s ruským prezidentem Vladimírem Putinem mezi čtyřma očima na summitu G-20 v australském Brisbane v listopadu 2014, které pro ni ani tehdy nedopadlo příliš slavně. Během nekonečného čtyřhodinového rozhovoru se Merkelová Putina dotázala : *"Vladimíre, no tak, Vy jen blafujete, nemáte síly na to přetahovat se s Amerikou. Vaše rakety prostě do Ameriky nedoletí."* Na to ruský prezident po taktické tříminutové řečnické pauze vytáhl z aktovky listinu. *"Je to Váš podpis ?"* zeptal se Merkelové na její vlastnoruční parafování Houstonského projektu, ruskou zpravodajskou terminologií nazývaného jako plán Barbarossa-2. Kancléřka celá rozčílená vzápětí zrudla a kývla. *"Tak tedy, může být, že do Ameriky nedoletí. Ale na základny USA na území Německa doletí přesně, to vám garantuji. No, možná se další desítka raket netrefí a místo na základny spadnou v Mnichově nebo ve Frankfurtu, podle toho jak to dopadne."* Merkelová se po těchto Putinových slovech diplomaticky vymluvila na zdravotní indispozici a schůzka byla ukončena. Vladimír Putin, jak známo, poté z Brisbane předčasně odletěl, přičemž jej západní partneři raději ani nepozvali na společnou snídani. Upřímně řečeno, není se čemu divit, protože u stolů seděli také hlavní představitelé NATO, kteří plán na agresi proti Rusku schválili - Kanada, Francie, Německo, Velká Britanie, USA.

Jednání Obamy s Merkelovou pokračuje dále. Zklamaný Obama na stůl své oválné pracovny vytahuje další požadavek : Podpora německé vlády masové imigraci podle dlouhodobě připravované světovládné globalizační a multikulturní doktríny. Merkelová se naléhavým Obamovým požadavkům opět brání. Ačkoliv i tuto Barnettovu totalitní doktrínu dobře zná, miliony nekompatibilních přistěhovalců v Německu nechce. Nervózní Obama proto jako poslední trumfové eso vytahuje na stůl kancléřský vázací akt z roku 1949.

Dokument anglicky nazývaný **Chancellor Act** je písemnou smlouvou z 21. května 1949 uzavřenou mezi tehdejší britsko-americkou okupační správou a deklasovaným hitlerovským Německem o jeho absolutní podřízenosti Spojeným státům. Smlouva byla uzavřena na dobu 150 let, tedy zavazuje Spolkovou republiku Německo k poslušnosti až do roku 2099. Veškerá sdělovací média jsou pod soustavnou kontrolou Američanů, vč. odposlouchávání telefonních hovorů a elektronické komunikace. Veškerý průmysl, bankovnictví a další součásti hospodářství jsou rovněž pod kontrolou Američanů. Německo nemá s USA dosud uzavřenou mírovou smlouvu, tudíž se stále formálně nachází ve válečném stavu s USA. Američané zadržují Německu jeho zlaté rezervy, odvezli je do USA a spekuluje se, že je už zpronevěřili, protože na opakované žádosti o jejich vydání nereagovali. Němečtí voliči si sice mohou ve svobodných volbách demokraticky zvolit koho chtějí, ale před inaugurací nového šéfa vlády podléhá funkce kancléře schválení prezidentem USA. Každý nově nastupující německý kancléř je povinen k ní svůj podpis připojit, jinak se kancléřem nestane. Jedná se samozřejmě o smlouvu tajnou, na jejíž zveřejnění je vyhlášeno moratorium.

Nicméně německý generálmajor ve výslužbě a bývalý velitel vojenské kontrarozvědky **Gerd-Helmut Komossa** (nar. 1924) v zájmu svobody své země úplně nemlčel a v Rakousku o tzv. Kanzler-Akt, jak se tento dokument nazývá německy, vyšla jeho knika Die deutsche Karte, která se ihned stala bestsellerem. Bohužel však toto výbušné a kontroverní téma přineslo i druhou stránku téže mince - autor knihy někam zmizel a je nezvěstný. Lze se s vysokou pravděpodobností domnívat, že už není mezi živými.

Merkelová si nervózně kouše nehty

Emoce pracovaly naplno-teď dělá na oko uraženou

O rozvratu a likvidaci Německa a Evropy
je s konečnou platností rozhodnuto

Deklasovaná a zjevně rozrušená Merkelová - znalá diplomatických zvyklostí - nemá již v rukou vůbec nic, nemá protistraně co nabídnout a je nucena před Obamou kapitulovat. Je jí totiž velmi dobře známo, že její washingtonský nadřízený by na jednací stůl položil bezkonkurenční trumfové eso – kompletní složku o spolupráci Angely Merkelové pod krycím jménem Erika s východoněmeckou tajnou službou Stasi. O tragickém osudu Německa a Evropy bylo tedy onoho 8. února 2015 definitivně rozhodnuto.

Po rozhovorech v Bílém domě s prezidentem Obamou se Merkelová ještě setkává ve Washingtonu s šéfem Světové banky Jim Yong Kimem. Poté odlétá do Kanady, kde se koná schůzka s kanadským premiérem Stephenem Harperem a dne 10. února se vrací do vlasti. Tato cesta do USA a Kanady sloužila podle sdělovacích prostředků jako příprava na setkání států G7 v červnu 2015 v Německu.

Z USA a Kanady se vrátila zcela jiná Angela Merkelová. Její pozice není příliš odlišná od pozice spráskaného psa nebo znásilněné prostitutky. Zcela se projevují všechny její slabosti, včetně ztráty způsobilosti zakrývat své emoce před okolím. Naplno propukla její nezvladatelná neřest spočívající v kousání nehtů a poté její zdevastované prsty vypadají jako u malé dívenky školou povinné. Ruce paní Merkelové jsou nemocné ruce. Co o ní prozrazují ? Jestliže si někdo takovýmto způsobem kouše nehty a kůži kolem nehtů, má psychické problémy, trápí ho nejistota, má špatné mínění o své osobě, trpí depresivními stavy. V mnohých případech signalizují dokonce schizofrenii dané osoby. Švýcarský internetový potrál přinesl následující fotografie nevyžadující žádný další komentář.

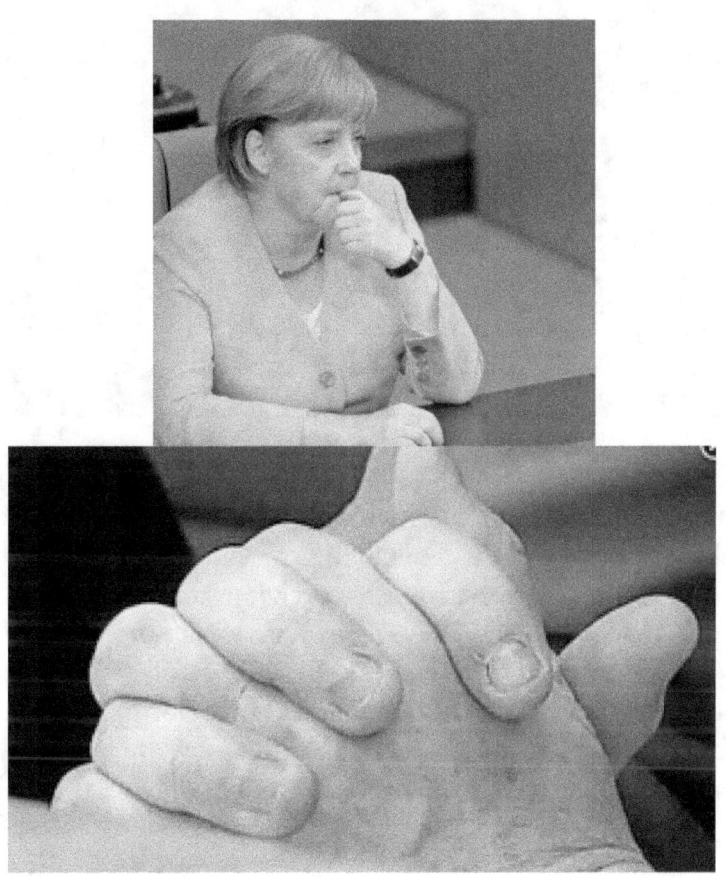

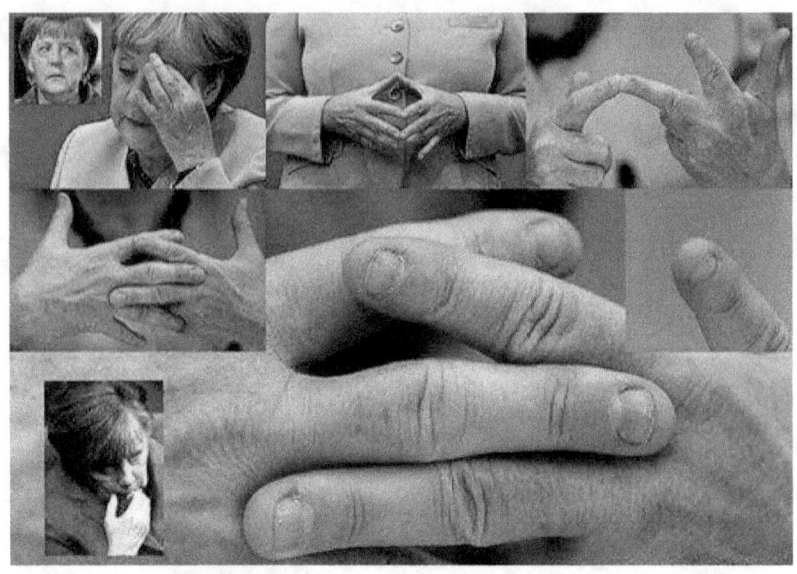

Další měsíce se Merkelová připravuje na svou „životní roli" likvidátorky Německa. Ve dnech 7. až 8. června 2015 se v pětihvězdičkovém zámku Elmau v bavorském Garmisch-Partenkirchenu konalo podle plánu 41. vrcholné setkání států skupiny G7 bez Ruska. Na nezajímavém pozadí obvyklých nudných rozhovorů o klimatických, obchodních a zdravotních otázkách se však za kulisami hrálo důležitější představení – šlo o další rozpracování a logistické zajištění destruktivní invaze milionů ekonomických migrantů do Evropy. Hlavní role hráli separátně opět Angela Merkelová a Barack Obama.

Takhle veliká je moje podřízenost tobě, můj pane

Pardon, opravuji, je ještě mnohem větší, takhle veliká

Pravda o účelu a cílech současného plánovaného vpádu muslimské a černošské populace byla odhalena. Ano, po mezitímním rozvratu a likvidaci Evropy jako konkurenta USA plánuje americká plutokracie konečný cíl - válku s Ruskem za účelem jeho zničení a rozparcelování podle Houstonského projektu, k čemuž jako užiteční idioti poslouží miliony barevných mladých mužů z řad přistěhovalců navlečených do vojenských uniforem.

Uprchlíci putující do Evropy jsou tedy americkým trestem Evropě za to, že nechce poslechnout USA a být aktivní při válečné agresi vůči Rusku. Proto bylo v centru majitelů USA rozhodnuto zaplavit Evropskou unii mořem uprchlíků. Následkem odposlechů telefonní komunikace kancléřky Merkelové a dalších agenturních závěrů amerických tajných služeb jí už nezbývá, než tancovat podle amerických not.

17. kapitola : <u>Naděje na záchranu Evropy - polský instalatér a Višegrad</u> ?

Motto : *„Nikdy neustupujte, nikdy, nikdy, nikdy, nikdy, v maličkostech ani velkých věcech, o kus ani o kousek, ledaže byste ustoupili cti a dobrému mravu. Nikdy neustupujte před nátlakem, nikdy se nepoddejte zdánlivě zdrcující převaze nepřítele."*

(angl. „Never give in — never, never, never, never, in nothing great or small, large or petty, never give in except to convictions of honour and good sense. Never yield to force; never yield to the apparently overwhelming might of the enemy.") Sir Winston Leonard Spencer-Churchill (1874-1965), britský premiér.

Vzpomene si ještě někdo ze čtenářů na rok 2004, kdy do Evropské unie s nadšením vstupovaly středoevropské státy sdružené ve skupině Vyšegrádská čtyřka (V4) a na tomu předcházející léta ? A na dobu o několik let později, kdy bývalé postkomunistické státy vstupovaly do Schengenského prostoru ? Vzpomínáte si na fenomén těch časů známý pod vtipnou zkratkou **„polský instalatér"** ? Pamatujete, co všechno musel polský instalatér vytrpět ? Oproti tomu dnes stačí nasednout na migrační vlnu a člověk obdrží všechny požitky, které může Německo imigrantovi nabídnout a o kterých se polskému instalatérovi tenkrát ani nesnilo.

Čas však oponou trhnul a polský instalatér nyní s otevřenými ústy a vytřeštěnými očima sleduje evropské scény jako z hororového filmu. Není žádných pochyb, že si klade otázky a srovnává nedávnou dobu s dobou dnešní, přičemž zcela oprávněn cítí pocity ponížení a oklamání. Zeptejme se onoho fiktivního polského instalatéra, co na to všechno říká. Jistě by samozvané ředitelce Evropy německé kancléřce Merkelové chtěl připomenout dobu, kdy Polsko, Maďarsko, Česká republika a Slovensko měly být přijímány do EU. Tzv. staré členské země tehdy vyjadřovaly obrovské obavy, aby rozšířením EU nedošlo k nezvladatelnému zaplavení pracovního trhu občany z Východu.

Úroveň běžných průměrných mezd v postkomunistických zemích skutečně byla nižší než ve starých členských zemích, což občané všech čtyř vyšegrádských států ukázněně respektovali a Západem kladené restrikce po přechodnou sedmiletou dobu trpělivě akceptovali, přičemž své postavení občanů druhé kategorie se skřípěním zubů snášeli. Je všem východoevropským občanům, nejen „polským instalatérům", skutečně nepochopitelné, že tehdy Západ za vyjadřování pochopitelných obav z ochromení pracovního trhu své občany nijak netrestal, ani nehanobil nadávkami xenofobů, nacistů, rasistů, atd. Vyslovování obav z východoevropských pracovníků bylo tehdy v Německu přípustné, avšak dnes je vůči imigrantům z Afriky a Blízkého východu zakázané. Takové ponížení se obtížně chápe a přijímá.

I neskutečně hrubé ponižování po přechodné období čtyř let při otevření hranic Schengenskému prostoru východoevropští občané také nekomentovali a disciplinovaně se podmínkám přizpůsobili. Do staré EU vstoupil Východ přesně s takovou opatrností a pochopením, jak si Západ přál, aby byly rozptýleny obavy, že polský instalatér ihned nepřijde pracovat za rovnocenných podmínek, za jakých pracují západoevropští instalatéři ! Nebylo žádáno více, než pouze rovnoprávně vykonávat na jednotném evropském trhu práci a svobodně podnikat, ale i toho se západní elity obávaly.

O to větší šok a ponížení středoevropských občanů z Vyšegrádské čtyřky přišel v roce 2015. Ti dnes s úděsem ve tvářích zírají, jak zcela neidentifikovatelní cizí přistěhovalci kdoví odkud, bez dokladů o totožnosti, bez schengenských víz, na nichž Západ tak lpěl, dále bez zdravotního pojištění, bez příslušného kapesného na každý den pobytu, bez pozvání evropských občanů přicházejí v nekončících proudech. Ta bezohlednost západních politiků nerespektujících zákony a uzavřený schengenský prostor i pravidla azylového řízení je opravdu neakceptovatelná. Tzv. váleční uprchlíci ze států, kde se vůbec neválčí nebo ze států, kde mají ochranu svých práv zajištěnou, pobírají v Evropě mnohem vyšší bezpracné sociální dávky, než činí obvyklá mzda tvrdě pracujícího „polského instalatéra".

Před lety směli západoevropští občané kritizovat lidi z Východu, ti to přijímali jako výraz úcty ke svobodě slova a práva na svobodné vyjádření názoru. Dnes ti samí však pracujícím občanům zakázali, aby valící se hordy anonymních cizinců podobně kritizovali. Ti, bez jejichž práce a potu by žádná materiální ani duševní hodnota nevznikla, nesmějí klást odpor proti štědrým darům, které jsou cizincům prostřednictvím daní darovány. A po takovém ponížení vykonaného na Středoevropanech se samozvaná diktátorka Merkelová snaží ještě vnucovat kvóty na rozdělování ilegálních přistěhovalců. Takové plivnutí do tváře a pohrdání lidskou důstojností se neodpouští. Angela Merkelová není pro Evropany ani Němce žádným požehnáním ale jednoznačně fatálním prokletím.

Položme si ještě další celkem logické otázky, které se každému vtírají na mysl :
A) Proč nám USA s imigrační vlnou nepomáhají, ale naopak invazi přistěhovalců organizují, platí a logisticky zajišťují ?
B) Proč je Evropská unie dlouhodobě až podezřele nečinná a absolutně nic nekoná, když vždycky se operativně a teatrálně scházela nad každou maličkostí ?
C) Proč z ničeho nic najednou nefunguje Schengenská smlouva, ačkoliv před pár lety nás z Východu mistrovali, jak je potřebné dodržovat nepropustnost schengenských hranic ?
D) Kde berou migranti až 10 tisíc dolarů na cestu do Evropy, když údajně ve válce o všechno přišli a musíme jim dle EU pomáhat ?
E) Proč 90 % imigrantů uvádí jako datum svého narození 1. ledna a všichni že prý jsou ze Sýrie ?

F) Proč žádné tzv. válečné uprchlíky nepřijímají muslimské státy Arabského poloostrova a Středního východu ?

G) Proč nemusejí přistěhovalci v Německu dodržovat 7 letou čekací lhůtu na přijetí do pracovního poměru jako dříve noví východní členové EU ?

H) Jaké války probíhají v subsaharské a centrální Africe, odkud se rekrutují všichni středoafričtí přistěhovalci ?

I) Které armády kterých států nebo národů v Africe proti sobě válčí ?

J) Proč nezasedá OSN a její orgány, aby ukončily nějakou blíže neurčenou válku v Africe ?

Nebo máme věřit tomu, že za přívaly milionů přistěhovalců do Evropy stojí agresivní komunistické Rusko pod vedením „kábégáckého diktátora" ? Máme věřit, že imigranti mají plné kapsy rublů, že telefonují z nejmodernějších ruských iPhonů a Smartphonů, že lodní lístky zaplatili Turkům a Američanům v rublech, že Turci a Arabové dostali gumové pašerácké čluny darem od Putina, že své vybombardované domy a byty prodali před útěkem velice výhodně ruským občanům za ruble, že naši noví černí spoluobčané jsou oblečeni do značkového ruského oblečení, že si peníze vybírají v ruských bankách Western Union, že mají telefonní spojení díky smlouvám s ruskými telekomunikačními operátory, že je doprovázejí a radí jim ruští koordinátoři, atd.

Co proti svému porobení a likvidaci mohou dnes Evropané i my Češi dělat ? Co máme činit my, kteří tohle nechceme ? Vždyť na rozhodnutí evropské, natož pak světové úrovně, nemáme ani ten nejmenší vliv ! Jsme skutečně odsouzeni do role bezmocných diváků zkázy svého světa? Ne tak úplně. Začněme u sebe s obnovou toho, co učinilo Evropu velkou. S obnovou ctností považovaných po dva tisíce let za samozřejmost. Oživme vysmívané pojmy, jakými jsou poctivost, samostatnost, soběstačnost a nezávislost. A to ryze mezi sebou, nikoliv ke státu, který už dávno není naším státem. Zamysleme se, zda tradiční součásti života našich otců a dědů neměly něco užitečného. Važme si staletých hodnot, jakými jsou : **Svoboda, Křesťanské desatero, Rodina bez přívlastků, Právo a spravedlnost, Volný trh a soukromé vlastnictví, Mír, Statečnost - ne zbabělost, Práce a podnikání - ne**

sociální dávky a dotace, Křesťanská solidarita, Národní hrdost, vlast, obec.

Obnovme důvěru mezi svými a sobě rovnými, tedy mezi slušnými lidmi. Začněme budovat sítě neformálních vazeb spolehlivých, vzájemně si pomáhajících lidí. Beze státu a jemu navzdory. Své děti vychovávejme k nezávislému myšlení a aktivnímu vyhledávání nezávislých informací. Podporujme vše, co slouží tisíciletími ověřené stavbě – rodina, národ, národní stát.

Bojujme proti ideologiím přicházejícím z USA : státní převraty, zastrašování občanů, pochody a preference homosexuálů, vnucování barevných imigrantů, agresivní feminismus, rozvraty rodin, LGBT, genderismus, rudozelený klimaalarmismus, environmentalismus, eurošikana, politická korektnost, ženské kvóty, pozitivní diskriminace, politická cenzura, ostrakizace a zastrašování režimu nepohodlných, omezování osobních svobod, daňové šílenství, rovnostářství, likvidace podnikání, kriminalizace nevinných, soudcokracie, byrokracie, policejní stát a státní fízlování, likvidace národních států, krádeže dětí, mravní rozklad společnosti, přípravy na válku v Evropě, atd.

Dejme našim zástupcům důrazně najevo, že strany a hnutí hlásající rozvratné euroamerické ideje a všechny ty novodobé hrůzy jsou pro nás nevolitelné. Oni se totiž politici také něčeho bojí. A to jsou volby. I když je sami mezi sebou považují za otravný a zbytečný folklor, vyhnout se jim zatím úplně nelze. A proti rozzuřené většině společnosti nepomohou ani miliardy dolarů investované do prorežimní propagandy.

Požadujme vystoupení z EU, která je úmyslně nastavená tak, aby zdola parlamentní cestou změnit nešla. Šiřme zamlčované informace a podporujme nezávislé zdroje. Podporujme vše, v čem se nám evropští politici snaží bránit. Ozbrojujme se. Uvažujme, jak přežít případnou násilnou krizi a jak v ní zabezpečit svou rodinu.

A co provedeme s těmi z řetězu utrženými muslimskými a černošskými utečenci, kteří jsou ve své podstatě hlavní současnou obětí nepovedeného plánu zločinných dolarových oligarchů. Ty je nutné z

Evropy dostat co nejrychleji zpět do jejich domovů a tam jim pomoci, jak to půjde. Pokud si je zde necháme, skončí to tu za několik let stejně jako v Sýrii, kdy budeme obětováni i my. Nejpodstatnější však je odstavit v USA od moci zločince, kteří vše svou chamtivostí rozpoutali a nyní, kdy jim již zřetelně utíká půda pod nohama, jsou odhodláni provést cokoli.

Člověk moderní epochy nežije ve vzduchoprázdnu ani na nějakém pustém osotově, ale je součástí mezilidských a dalších vztahů se stovkami a tisíci dalších lidí této planety. Ti, kteří to s budoucností Evropanů a evropských národů myslejí dobře, musejí získávat stále další a další informace, zjišťovat motivaci mezinárodních sil a globální oligarchie. Musejí se racionálně orientovat v prorežimní jednostranné hlasité mainstreamové kakofonii, pospojovávat všechny logické souvislosti, aby byli schopni nahlédnout do zákulisí nebo pod pokličku procesů, které jejich životy sice nenápadně ale fatálně ovlivňují. K tomu běžný člověk zaměstnaný starostí o živobytí, o zdraví své a svých blízkých, o důstojnou existenci ve světě zhroucených mravních a duchovních hodnot obvykle nemá čas a nezbývá mu energie toto pravidelně vykonávat. Aby se v konečném důsledku nakonec nevědomky nestával obětí lží, mystifikací a manipulací, chce tato kniha svou troškou do mlýna přispět.

-------- K o n e c --------